Prologue
アウトプットとは何か

素晴らしいアイデア、素晴らしい言葉、素晴らしい考え……。

誰もが惜しみなく賛辞を送ってくれるはずのそれらを、一瞬にして凡庸な、取るに足らないものに見せてしまう、危険な落とし穴があります。

片や、さりげないものなのにとても魅力的に見せてしまう、魔法の杖も存在します。

そして、実はこれらは、同じものです。

答えは、最終表現。つまり「アウトプット」の質です。

このところ僕はよく、「アウトプット・イノベーション」という言葉を使います。講演の締めくくりにするなど、大切にしている言葉です。

ここで言うアウトプットとはつまり、「最終的に、表出されたもの」。それによって相手にどう受け止められるかが決まります。

言葉であれば、伝わるか／伝わらないか。

商品であれば、売れるか／売れないか。

人間であれば、つき合いたいか／つき合いたくないか。

このように、アウトプットですべてが決まってしまうのであれば、ありきたりなものになっていないか振り返り、イノベーションを起こさなければならない。

僕はそう思っています。


そもそも人は、アウトプットしか見ません。

アウトプット、すなわち〝出力されたもの〟を見て瞬間的に評価し、「買う／買わない」といった決定を下しています。

こう言うと、「それってデザインさえかっこよければいいという意味ですか？」と誤解する人がいますが、僕が思うに、もっと本質的な話です。

たとえば「アップルの商品が売れた理由は、かっこいいから」と話すと、なんて短絡的な分析だろうと言う人がいます。

「ダウンロードで音楽を買うというｉＴｕｎｅｓの販売戦略が革命的だったからだよ」

「スティーブ・ジョブズのプレゼン能力がすごかったからだ」

このように「かっこいい」以外の売れた理由を挙げてくるのです。

なるほど、そうやって考えていけば、売れた理由はいくらでも出てくるでしょう。しかし実は、それらはすべて、「かっこいいというアウトプット」に集約されています。

アップルのかっこよさとは、シンプルで革命的な商品デザインによってのみ生まれたものではないということです。スティーブ・ジョブズのプレゼン能力、開発に秘められた物語、ｉＴｕｎｅｓの販売戦略、かゆいところに手が届くユーザーインターフェース、見る者をハッとさせるＣＭ、そして細部にまでこだわったパッケージ。

これらすべてが集約されたものが、アップルの商品一つ一つから表出されるアウトプットとなり、「アップルのかっこよさ」をつくり出しています。

そもそも、このアウトプットにたどり着くまでのアイデア、思い、哲学、情熱がなかったら、開封後すぐ捨ててしまうパッケージまで洗練されたデザインにすることなど、できないのではないでしょうか。それらが商品の向こうに見え隠れするからこそ、人は、アップルの商品に惹《ひ》かれるのです。

もしも、アップルとまったく同じデザインの別製品があったとしても、プレゼン能力も販売戦略も秘められた物語もそこに集約されていなかったら、人は、ここまで「かっこいい」とは感じないかもしれません。


人はアウトプットしか見ないし、アウトプットの裏側にあるものを見抜く。こう考えておくといいでしょう。

アップルは特殊な例だと感じる人もいるかもしれませんが、アウトプットによる判断は、僕たちの生活のあらゆるシーンにおよんでいます。

たとえばあなたの会社が新製品を出すときも、消費者はアウトプットで判断します。おもしろい品か、ありふれた品か。信頼に足る品か、うさんくさい品か。適正な価格か、むやみに高いか。それを、実際にお店に並んだ商品で判断するのです。

「いいな、買いたいな」

こう思ってもらうには、卓越したアートディレクション、印象的なパッケージ、魅力的なビジュアル、優れたネーミング、用意周到なマーケティングだけでは足りません。

本当に良い製品でなければならないのは当然のこと。適正な価格設定も必要です。しかしそれらがあっても十分なアウトプットとはなりません。

「優れた商品」というアウトプットを構築する要素は、今挙げたもののほかにもたくさんあります。経営理念、社風、「なぜ、この商品をつくるのか」という意義、働く人たちの意識。もしかしたら、経営者がテレビに出たときのネクタイの色まで含まれているかもしれません。

A　「品質」「価格」「デザイン」「パッケージ」「広告」といった意識的なアウトプット。
B　発信する人や会社が内包している、無意識のアウトプット。

この二つが組み合わされたものが、僕がこの本の中で指す「アウトプット」です。

アートディレクションを仕事にしている僕は、デザインの現場、企業の商品戦略の場で、Aの「意識的なアウトプット」に注力するケースはよく目にします。けれども、アウトプットは本来、AとBがセットになって初めて機能するものです。

Bに目を向けず、Aだけに力を入れても、うわすべりなものになったり、過剰なものになったりします。その商品に合わないパッケージになったり、その会社に合わない売れ方になったりします。会社の本来の個性と違うCMになったり、デザインはおしゃれなのにまったく売れない商品が生まれたりします。その結果、方向性を見失い、消えていくプロジェクトもたくさんあるでしょう。モノが売れないと言われる時代、表面的なAのアウトプットに夢中になって本質的なBを忘れ、ますます売れなくなるという悪循環が起きています。

AとBの隔たりはごく薄い一枚の膜のようなものです。Bは簡単に皮膜を透過し、取り繕ったAに影響します。これは実におそろしいことでもあります。完璧なマナーで挨拶し、素晴らしい笑顔をつくったとしても、その人の本質が低レベルなものだったら見透かされてしまうようなものなのですから。

アウトプット・イノベーションを起こすのであれば、Aはもちろんのこと、Bにも立ち戻って考えていくことが重要です。

商品、ブランド、会社……。それらが持っているどの部分に光を当てれば、本来の魅力が伝わるのか。どのような表現をすれば、素敵だなと感じてもらえるのか。どのように開発／展開していけば、欲しいと思ってもらえるのか。そして、どうやれば、売れるのか。

この本ではその方法を、僕が手がけた商品、広告、ブランディングなどの実例をもとに、具体的にお話ししていきたいと思っています。

本書が、みなさんにＡＢ併せたより良いアウトプットをしていただくための『アウトプットのスイッチ』となれたらと願っています。

二〇一二年春

グッドデザインカンパニー代表　水野　学

目次

Part 3 アウトプットの精度を高めるプロセス 123

アウトプットのスイッチ

Part 1　なぜ、アウトプットが大切なのか

人はアウトプットしか見ない

新しいサービスや事業、商品といったビジネス。

発する言葉、しぐさ、伝えるメッセージといった人となり。

世の中のすべてのものは「アウトプット」で判断されます。

僕は、人間には「『超』能力」がある、と思っています。といっても、スプーン曲げやテレパシーのような、いわゆる超能力を指しているのではありません。

視覚、聴覚、嗅覚、触覚、味覚の五感を総動員させたうえで「さまざまなことを敏感に感じ取る能力」。人はこの能力を使って、「好き」か「嫌い」か、「買いたい」か「買いたくないか」を瞬時に判断していると思うのです。

たとえば、身の回りにこんな人はいないでしょうか？

たいして話したこともないけれど、「素敵だな」と憧れてしまう人。

決して悪い人ではないのに、なんとなく苦手な人。

ぶっきらぼうなのに、「きっと、本当はやさしいんだろうな」と思える人。

態度も言葉遣いも丁寧なのに、なぜだか信用できない人。

その人がどんなに素晴らしいことを考えていても、あるいは、どんなに表面を取り繕っていても、人は、相手の言葉や表情、話し方、佇まいといった、「その人に表出されているもの」を捉えて、「こういう人だな」と判断します。

人間に備わったその感覚は、とても鋭敏です。

出会った瞬間、相手がまだ一言も発していないうちから、即座に何かを感じ取り、判断し、何らかの第一印象を持ってしまうのですから。


そして、まったく同じことが、商品にも当てはまります。

その商品が、どれほど懸命な努力の末に生み出されたものだとしても、それが伝わるかどうかは別問題。消費者は、売り場に並んだその商品のパッケージと価格（そして、場合によっては商品ＣＭや製造元に関する知識をもとにした「イメージ」）だけを見て、「買いたいか」「買いたくないか」を判断します。


人はアウトプットしか見ない。

そして、相手が発しているのはどのようなアウトプットかを〝感じ取り〟ます。

たとえばお菓子メーカーが、ビスケットを商品として発売するとします。

「とりあえず粉と卵と砂糖でつくって商品化すれば売れるだろう」——こんな安易なことを言う開発者は、さすがにいないでしょう。

「ちょっと工夫して、チョコレートがけビスケットにしよう」というアイデアでもまだまだ足りないというのは、みなさんおわかりだと思います。

では、「かわいいキャラクターを設定し、良いパッケージにすれば売れるだろう」。これはどうでしょうか？　答えはNO。見た目を取り繕ったところで、この商品を魅力的にするには至りません。

A　「品質」「価格」「デザイン」「パッケージ」「広告」といった意識的なアウトプット。

B　発信する人や会社が内包している、無意識のアウトプット。

プロローグで述べたこの二種類のアウトプットなしに、売れる商品は成立しません。つまり、チョコレートやキャラクター、パッケージや広告だけでは「欲しい」と思ってもらえないのです。

どんな人に喜んでもらいたいのか？　そのために、味や食感にどんな特徴を持たせるのか？　どんな場面で食べることを想定したサイズ感にするのか？　商品の魅力を、パッケージの中でどんなトーンで伝えるのか？　どんな思い、どんな志を持ってこの商品をつくっているのか？

こうした「思い」や「意義」と、緻密な努力の積み重ねが必要ですが、目指す方向を間違えるとアウト。誰からも見向きもされない商品になってしまいます。

現代は、「モノが売れない時代」と言われています。消費は落ち込み、世界経済自体が悪化し、明るい未来を容易には想像できなくなっています。

けれどもそんな時代でも、人気を得て、売れているモノが確かに存在します。売れるモノと売れないモノの違いは何なのか？

ここについて、僕なりの回答を出してみました。

「『アウトプットの質』が、売れるか売れないかを決める」

僕はこの答えと向き合い、考え、今、この答えに確信を持っています。実際に、いくつものクライアントの売上げを伸ばすことができたからです。

では具体的に、どのようにして「アウトプットの質」を上げればよいのか。どうすれば人の心に刺さり、「欲しい」と感じてもらえる商品を生み出せるのか。この本では、そこにたどり着くまでの「近道」を探っていきたいと考えています。

とはいえ、人が欲しいと感じるものは、時代とともに変わります。

そもそも、なぜ今モノが売れなくなっているのか。まずは、時代の変遷と求められるアウトプットの変容について考えてみたいと思います。

江戸時代の人が欲しがる時計はGショック

江戸時代にタイムトリップして、町の人々に腕時計を売りに行くとします。トランクの中に入れていくのは、五〇〇〇円のGショックから、七三〇〇万円のリシャール・ミルまで、幅広い価格帯のものです。

価格には触れず、まずは腕時計というデバイスについて説明します。ヨーロッパで腕時計が誕生したのは一八〇〇年代。日本に機械時計が伝来したのは戦国時代ですが、庶民はいまだかつて目にしたこともないはずですから、驚きをもって迎えられるでしょう。まずは機能を伝え、腕時計というデバイスの、「腕に巻いて、必要なときいつでも時間が見られる」という用途をわかってもらいます。

この時点で、人々は「売ってくれ！」「いくらだい？」と口々に叫ぶでしょう。江戸時代において腕時計というアウトプットは、「あると非常に便利だし、人々が必要としているけれど、これまでになかったもの」です。その用途だけで十分魅力的なアウトプットであり、人々の購買欲に強く訴えます。

欲しがって時計に詰め寄る人々をグッと押しとどめ、説明を続けます。

「これは暗いところでは見えません」

「こっちは水につけたら壊れます」

「これはネジを巻かないと一日に一回狂っていきます」

ここで改めて「さあ、売りましょう。どれにしますか?」と尋ねたら、どうでしょう。

水につけても壊れないし、丈夫だし、暗いところでも光ってよく見える。ネジを巻く必要もない。用途と機能だけで見れば、圧勝はGショックだと僕は思います。

飛行機やF1に出るスポーツカーと同じ最先端の素材が使われているリシャール・ミルも、手巻きという点で敗退。ロジェ・デュブイ、クリストフ・クラーレ、ピーター・スピーク・マリンという世界最高峰の時計師が集結したメートル・デュ・タンの奇跡も、江戸時代の人の心にはさっぱり響かないはずです。

現代人が垂涎《すいぜん》のまなざしを送る至高の逸品たちは、当時の日本人には今ほどの価値を見出してはもらえないのです。

〝いいものをつくれば売れる〟という誤解

「機能的に優れたGショックが売れる」とは、「いいものをつくれば売れる」という考え方にも通じます。技術を極め、細部にこだわり、良質のアウトプットをするというのは、日本人の伝統的なクラフトマンシップでもあります。

デザイナーであり、企業ブランディングの第一人者とされるアレクサンダー・ゲルマン氏は、日本の職人技の素晴らしさに注目していることでも知られ、「漆のチェス」といった作品もあるほどです。彼はあるインタビューで、こんな発言をしています。

ゲルマン氏が日本で、墨をつくる職人に会ったときのことです。職人は、製作過程で墨を箱に入れ、半年かけて乾かします。その間、毎日毎日、箱に敷いてある新聞紙を替える作業をします。墨の表面はすでに乾いているから、毎日替えなくても良さそうなものだとゲルマン氏が問うと、職人は答えます。

「表面は全部乾いていても、内側がまだ乾いていないかもしれない。それでは一〇〇年もつ墨にならない。だから毎日、細かいところまで手を抜かずにやる」

ゲルマン氏は「日本の職人のような魂の持ち主は、世界にも類を見ない」と驚いたと記事にはありました。

これは日本人の「いいものをつくる」という伝統です。品質へのこだわりによって、アウトプットの精度を上げているということです。このクラフトマンシップが、日本の技術革新を支えたといってもいいでしょう。世界に誇れる素晴らしいことだと思います。同時に、アウトプットの土台としても、必要不可欠なことだと思っています。

しかし、ここで勘違いしてはならないことがあります。「品質の良いものをつくる」だけではもう売れない、ということです。

二〇一一年夏、家電量販店に大型テレビを買いに行ったときのこと。ずらりと並ぶ商品を前に、僕は途方に暮れました。どのメーカーのどの商品も、品質面では遜色がなかったからです。並べて見比べれば、A社のものよりB社のもののほうが少し高画質という気もします。けれどひとたびA社製品を自宅に持ち帰ってしまえば、画質が気になることなど一切ないであろうレベルです。結局僕は、品質や機能では判断することができず、メーカーに対するイメージや自宅で使っているレコーダーとの相性など外的要素で判断して、どうにかテレビを買うことができたのです。

いまや日本中が、「品質の良いもの」で満たされています。品質面で問題があるものを探すほうが、むしろ難しくなっているかもしれないほどです。まさに「品質の良さ」だけでは勝負にならない時代です。

人々はもはや、〝大ヒット〟を求めていない

僕は折に触れ、「つくれば売れる時代は終わった」という話をします。江戸時代にGショックが売れるがごとく、今までなかったものが登場すれば売れた時代もありましたが、今の社会では消滅した現象です。

ここで、マズローの欲求段階説について触れたいと思います。

マズローの欲求段階説は、マーケティングの古典とされ、大学生でも心理学や経営学の講義で習うものですから、ご存じの方も多いでしょう。人の欲求は、第一段階から第五段階へと推移していくというこの理論は、目新しさはないものの非常に的確なので、僕はしばしば引き合いに出します。「いまさら」と思う人が

いるかもしれませんが、念のため記しておきます。

第一段階　生理的欲求
第二段階　安全の欲求
第三段階　所属の欲求
第四段階　承認の欲求
第五段階　自己実現の欲求

今の日本は、最高ランクとマズローが言っている「第五段階　自己実現の欲求」の段階に入っているのではないかと僕は感じます（3・11のあと、「第二段階　安全の欲求」が改めて見直された面もあり、状況に応じて異なるとは思いますが）。

集団に帰属したいという「第三段階　所属の欲求」はとうの昔に満たされ、みんなと同じモノを所有して安心したいという人は少なくなりました。高価なブランド品を身につけて一目置かれたい、「いいね」「うらやましい」と言われたいという「第四段階　承認の欲求」も、ようやく卒業です。

そこでマズローが言う「第五段階　自己実現の欲求」に入ったわけですが、これは、あるべき自分になりたいという欲求です。大切なのは、「人から賞賛されるかどうか」ではなく、「自分がどうあるか」。

この段階にある人々は、商品を買うか否かを決めるときに、こんなふうに思いを巡らせたうえで判断を下します。

「この商品を持つことで、私は、自分らしい自分になれるかしら？」と。

もちろん、いまだにテレビで取り上げられた翌日に店頭からその商品がなくなるといったブームがゼロになったわけではありません。また、新型ｉＰｈｏｎｅが発売されるとなれば、大行列ができたりもします。

けれども総体的に見れば、人々の好みは、単一的ではなくなりました。そのうえ、情報はふんだんにあります。自分らしい好みも持ち、優れた選択眼を持つようになった人々は、欲しい情報だけにフォーカスを絞れるようになってきました。

つまり、かつてのような「大ヒット」が生まれにくい時代になった、ということです。

だからこそ、企業の商品開発担当者はみな、頭を悩ませているはずです。

「どうやったら、売れる商品がつくれるのだろうか?」と。

市場のすべてが競合する時代のアウトプット——旭山動物園

こんな話をしていると、なんだか悲観的な気持ちになってきます。

商品に差がなく、大ヒットが生まれず、経済が成熟期を迎えたこの時代に、〝売れるモノ〟など本当につくれるのだろうか?

やり方次第だと僕は思っています。ただし、認識を改めたほうがいい点はあります。

一つは、「ライバルは同業他社である」という誤解。

さまざまな市場がクロスオーバーし、グローバル化が進んでいくと、これまでやってきたマーケティングや安易な差別化では、立ちゆかなくなっていきます。

逆説的ではありますが、だからこそアウトプット次第で抜きんでることもできます。

一九七二年生まれの僕が子どもの頃、動物園は子どものエンターテインメントとしてナンバーワンでした。まだディズニーランドもない、遊園地も今ほどおもしろい遊具がない。

「しょぼいゴーカートに乗るぐらいだったら、でかいゾウを見たほうがよっぽど楽しい」

そんな時代でした。当時の動物園は競合も少なく、ただそこに動物がいてくれるだけで良かったのです。

しかし今は、事情がまったく違います。

六〇インチのディスプレイでアフリカゾウのDVDを見せたほうが、動物園で飼い慣らされたゾウを遠目に見るより、わあっと圧倒される体験となるかもしれません。高性能のカメラで撮影された、動物たちの知られざる生態は、大人の僕でも目を見張るようなシーンの連続です。ディズニーランドでは憧れのキャラクターたちが握手をしてくれ、戦隊ヒーローのショーに行けば、必殺ビームが出た瞬間、ＣＧで描かれた光線が飛び出すというリアルさ。モンスターとの手に汗握る戦闘も、テレビゲームの中で容易に「体験」できてしまいます。

そんな時代、動物園の競合相手はもはや動物園ではありません。動物園ＶＳ遊園地ですらなくなりました。ＤＶＤ、ディズニーランドなどのテーマパーク、ゲーム、あらゆるエンターテインメントと動物園が競合するようになり、動物園の特別性というものが薄れてしまったのです。

生き残るには進化しなくてはならないというとき、「稀少動物を呼ぶ」という道を選んだ動物園もあります。ここでしか見られないパンダ、日本初のコアラ。しかし、その動物がほかの動物園でも見られるようになれば、一過性のブームで終わります。小手先のアウトプットでしかなかったということです。

そんな中で、北海道の旭山動物園は、「アウトプットの質を高めた」ことで成功を収めた好例でしょう。飼育しているのはどこの動物園にもいるような動物たちですが、いまや全国有数の人気動物園です。

テレビなどでよく知られているとおり、違いは動物の見せ方。ペンギンに行進をさせ、檻がない場所でオオカミを放し飼いし、冬にはホッキョクグマを雪の中で遊ばせる。動物たちに、特別な芸をさせてはいません。動物がその動物らしい動きをする様子を、自然にリアルに見せているだけです。

既存の動物たちを、限りなく本質に近いかたちで、より良く見せる。これは、難しいことではないのに、ほかの動物園がどこもやっていなかった試みといえます。

旭山動物園の例はまさに、これからの時代の「売れるモノ」のつくり方を示唆してくれています。「アウトプットの質」をより良いものに変えただけで、〝もう一度行きたくなる動物園〟をつくり出したのです。

この努力が実を結び、旭山動物園は、もはやブランド化しています。「飛行機に乗ってまで、一度は行ってみたい動物園」という地位を確立したのです。

「デザイン」は救世主になり得るのか？

技術が頭打ちになるとき、勝負の土俵は機能やスペックではなくなり、かわりに「アウトプットの質」が問われるようになる。ここまではすでに述べたとおりです。

そのとき、最もわかりやすい答えが、「デザイン」でしょう。数年前から、デザイン家電やデザイン文具などデザイン○○と称される商品がさかんに出回るようになったのもそのためだと思われます。

では、「デザイン」は万能なのでしょうか？

僕の肩書は、アートディレクター。簡単に言うと、デザインをつくるチームの「監督」のような役割です。デザインのアイデアを出し、方向性を決め、デザイナーという「選手」とタッグを組んで、デザインを商品というかたちにしていく仕事です。

つまり僕の専門は「デザイン」。一般には、〝おしゃれなデザイン〟や〝かっこいいデザイン〃を生み出すのが仕事だと思われています。

けれども近頃、こう依頼されることが増えました。

「デザインで、売上げを伸ばしたいんです」

これは、デザインに可能性を見出している人が増えた現れだと感じています。

事実、韓国のサムスンの快進撃も、デザイン戦略とともに始まりました。

デザイナーの数を増やし、社内に育成組織をつくり、現役のデザイン系学生の教育も行う。デザイン部門を経営陣の直下に置き、デザイン予算を一〇倍に増やす。競合他社からも、優秀な人材を次々にヘッドハンティングする……。

サムスンは、ソニー、パナソニックなど日本の電機メーカーすべてが一緒になっても敵わない規模を持つ会社です。二〇一一年の売上高は一六五兆ウォン（日本円で約一一兆四〇〇〇億円）。その会社がデザインに本腰を入れたらどうなるか――？　サムスンの大躍進は、明確な戦略によるものです。

デザインに携わる者として、僕はデザインの可能性を信じています。このような事実を前にすると嬉しく、身の引き締まる思いです。

デザインによって改善できる分野は山ほどある。自分が世の中の助けになれる場面が、まだまだあるかもしれない。それはアートディレクターにとって、とても幸せなことです。

しかし一方で、情けなくも感じるのです。

わざわざ「売上げを伸ばしたい」とつけ加えられてしまうことに。

僕自身は常に、こう考えています。

「売上げの伴わないデザインなど、機能していない、ただの自己満足的お絵描きである」

事実そうだと思うのです。デザインは経済活動の中の一つとして存在しているのですから、おしゃれだけれど売上げの伴わないモノを世に送り出しても意味がありません。

誤解のないように補足すれば、僕は決して「美しいデザインなど不要だ」と言っているのではありません。むしろまったく逆です。

「美しいデザインであることは大前提であり、必要不可欠な最低条件」なのです。先に述べたように、「自己実現の欲求」を満たしたい時代、醜い自分でいるより、少しでもきれいな自分でいたいのは当然です。これからの時代、デザインを軽視したものはどんどん売れなくなっていくでしょう。

けれども、デザインを重視したはずなのにあまり売れないモノが存在しているのも事実です。年々下がっていく売上げに困り果てた地方の中小企業が、デザイナーと組んで〝デザイン○○〟をつくってみた。けれども、雑誌に取り上げられるばかりで実際の売上げが伴わず、結局倒産してしまった……。ときどき、そんな悲しい話も耳にします。

なぜそんなことが起きてしまうのでしょうか?

アートディレクターとしての自戒を込めて言えば、その原因の一つは、デザイナー側の怠慢かもしれません。

売れるかどうかよりも、自分がつくりたいもの。

あるいは、売れるかどうかよりも、クライアントがOKと言うもの。

そういうものをつくり続けているうちは、社会の中で機能するデザインはなかなか生まれてこないと思います。

もう一つ、大きな原因があります。それは、「アウトプットの『方向性』のミス」。

確かにデザインの答えは一つだけではない。けれども、答えは必ずあるはずです。

このアウトプットの方向性は、世の中から本当に求められているものなのか。そこを見極められるかどうかが、とても重要です。

そのコツについては次章でじっくりと述べるとして、その前に、「世の中から求められているもの」という言葉の危うさについてお話ししておきましょう。

「アンケート調査」の落とし穴

「人々が本当に求めている方向性を探る」

このとき真っ先に思いつく方法は、「アンケート調査」。マーケティング調査の一つです。事実、新商品開発時には、さまざまな企業がグループインタビューと呼ばれる調査を実行しています。

グループインタビューでは、一般的な消費者、もしくはその商品のターゲットとなる年齢・性別の消費者を集めて、新商品と既存商品を比べ、意見を述べてもらいます。印象、味、デザインの好き嫌い、買いたいか買いたくないかなど、あらゆる質問に答えてもらい、商品開発の参考にするのです。

多くの場合、その調査で勝ち抜いた商品を、アンケートの調査コメントも参考にしながらさらにブラッシュアップします。こうした調査を数回経て、ようやく発売に至るのです。

その道のプロではない人からの客観的な意見は、とても重要です。自分たちが当たり前としていた思い込みを指摘されたり、思いがけない着眼点にハッとさせられたりします。実際僕も、自社の経理担当スタッフに、「このデザインどう思う?」と質問を投げかけてみることがあります。先入観のない彼女の意見は非常に明快で、デザイナーとは違う視点があり、多くの気づきを与えてくれます。

その効果をわかったうえで、それでも僕は、アンケート調査に懐疑的です。意味がないとは決して言いませんが、過信しないほうがいいとは思うのです。

理由は四つあります。

一つは、人は、慣れたものに好感を持つ生き物だから。

目の前に、二つのジュースが置かれました。初めて見るジュースと、自分が普段から好きで飲んでいるジュース。これを比べて「どちらがいいか?」と聞かれたら、たいていの人は、慣れ親しんだほうを選ぶでしょう。

企業のロゴが変わるとたいてい、「前のほうが良かった」という議論がわき起こりますが、あれと同じです。新しいロゴに文句を言っていたとしても数カ月すると新しいロゴに慣れてしまい、昔のロゴを忘れてしまう。こんな話は珍しくありませんが、自分自身もそうなることがあるとは、なかなか想像できないものです。

人は、慣れ親しんだもののほうを良く思いがち。既存のものを打ち破るためには、相当なインパクトが必要です。そのため、奇抜なもののほうが印象に残りやすくなり、調査でも選ばれやすくなってしまいます。けれども、店頭でそれが魅力的に見えるかとなると話は別です。まして、愛される商品になるかどうかはまったく別問題です。「なんだか変なジュースが出たな」と一度は買ってもらえても、繰り返し買ってもらえる保証はないのです。

二つめは、特殊な環境下で、限定された情報だけをもとに下される判断だから。調査対象者の目の前にあるのは、二つのジュースだけです。それだけを見て、どちらがいいか、どんな印象を持ったかと質問されます。

しかし、実際に商品を買うときはどうでしょうか？　その商品のテレビCMに好感を持っていたら、買う前にすでに良い印象になっているはずです。また、雑誌で「このジュースが人気」という記事を読んだら、コンビニを何軒か回ってでも買ってみたいと思うかもしれません。調査では、そういった条件は考慮されません。

三つめは、「調査に参加し答えよう」と考えた時点で、ある程度限定された調査対象集団が構成されてしまっているから。

「サイレントマジョリティ」という言葉があります。「物言わぬ多数派」。もともとは、ベトナム戦争時のアメリカで生まれた言葉だといいます。積極的な反戦運動が展開されていたアメリカで、当時のニクソン大統領が、"great silent majority of American"（沈黙を守っている多くのアメリカ国民のみなさん）と、「反戦運動に否定的だったり、政府を支持してはいるけれども、あえて声には出さない多数派」へ支持を訴えたのだそうです。

この「サイレントマジョリティ」は、あらゆる場面に存在しています。たとえば、ニュース番組の街頭インタビュー。「番組の調査では、○%の人が『賛成』と答えました」とアナウンサーが解説していますが、僕はたぶん、街中で撮影チームに声をかけられても「すみません、急いでいるので」と言ってその場を去ってしまいます。僕の友人にも回答を断るタイプが多くいます。つまり、アンケート調査はあくまで、「アンケートに答えてくれた人たちの中だけでの回答」だということです。

そして四つめ。これは、アウトプットの質にもかかわってくる重要な部分です。

調査対象者たちの回答は、あくまで既存の価値観の中からしか出てきません。誰も思いつかなかったような驚くべきアイデアはそこから生まれませんし、むしろ否定されがちです。仮に、まだ発売される前に、誰も見たことも聞いたこともないｉＰｏｄのアイデアをこうした調査で説明したら、なんと言われるでしょうか？


「操作ボタンが少なすぎて不親切なんじゃないか」

「曲の操作と各種設定がすべてＭＥＮＵに集約されてしまうなんて乱暴すぎる」

こんなふうに否定されたかもしれません。その意見をすべて参考にして改良したら、どうなるでしょう？　ｉＰｏｄとは似ても似つかぬ、さほど目新しくないものになったはずです。これでは、新しいものは生まれません。


とある企業の優秀な商品開発担当者は、「調査であまりにも評判が良かったものは発売を見直す」とおっしゃっていました。これは素晴らしい考え方だと僕は敬服します。

「誰もがいいと思うモノ」は「ありきたりでつまらないモノ」に限りなく近い。

人々が「自己実現」を求めている時代、あまりにも型どおりの商品は、支持を得ることができないはずです。

買う根拠としての「ブランド」とは

ここでもう一度、冒頭の時計の例に戻ってみましょう。

現代の日本で「どの時計が欲しいですか?」と尋ねたら、街の人のほとんどがGショックを欲しがるという事態はあり得ません。

「時間を知らせる」という基本機能はすでに満たされました。昨今の時計は、安価なものであってもかなり正確に時を刻んでくれます。

クラフトマンシップの粋を極めた腕時計も数多く生まれ、ありとあらゆる機能が出つくしました。いまや、「腕時計を持つ」という欲求も一通り満たされています。

そうなると人は、新たなものを求め始めます。

ただ正確に時を刻んでくれるだけではだめ。いっそのこと、多少正確さに欠けても構わない。自動巻きゆえに毎日数秒の誤差が出て、時間の正確さを多少諦めることになったとしてもいい。

それでも、ボーナスをはたいてでも欲しいもの。それは、「あのブランドの時計を手に入れたのだ」という満足感です。

では、こんな商品だったらどうでしょうか？

見た目は、欲しいと思っていた時計とまったく同じデザイン。機能も素材も仕様もまるで同じです。ただし、販売元のそのブランドは、見たことも聞いたこともありません。おそらく新しいブランドなのでしょうが、評判を調べても、良い噂も悪い噂もいっさい出てこない。あなたはこの時計を買うでしょうか？

答えはおそらく、ＮＯではないでしょうか。少なくとも、「ボーナスをはたいてでも欲しい」とは思わないはずです。

なぜならあなたは、時計の向こうにこんなものを見ているはずだからです。

「このブランドの時計ならちゃんとしているはずだ」という技術への信頼。

「あのブランドのあの時計をつけているのだ」というステータス。

「このブランドが持つ伝統やストーリー」への憧れ。

僕は冒頭で、「アウトプット」には左記の二つが含まれていると述べました。

A 「品質」「価格」「デザイン」「パッケージ」「広告」といった意識的なアウトプット。

B 発信する人や会社が内包している、無意識のアウトプット。

つまり、時計を買おうとしたあなたにとってはBの部分も非常に重要だった、ということです。

「ブランド」は、購入の意思決定を左右する。モノの売れない時代に、「ブランド」はとても重要だと僕は考えます。

どんなものをつくるときでも、僕は常にこう意識しています。

「ブランドをつくろう」と。

広告や商品パッケージの仕事はもちろんのことながら、一貫およそ「ブランド」という言葉とは縁遠そうな、本の装丁や芝居のチラシ、ちょっとしたＤＭでも同じです。

どんな小さなものも、ブランドを構築する要素の一つになる。その細部の積み重ねによってブランドは構築される。僕はこう考えているのです。

ブランドという言葉は「焼き印」を表す言葉が語源とされています。自分の家畜などに焼き印を施し、他者の家畜と区別するために行われたもの。そこから、商標やマークなどを指すようになったと聞きます。つまり、この商品はここのものである、とする根拠のようなものでしょうか。

転じて現代では、エルメスやシャネル、グッチといったハイブランドを総じて「ブランド品」とも称しますが、僕がここで指す「ブランド」は、もっと広義のものです。

「商品、企業などが持つ、『らしさ』」

それがしっかりとしていれば、人は、そのブランドへの信頼をもとに、商品にも興味を持ってくれます。

企業側の「思い」が問われる時代

マズローは晩年、「第五段階　自己実現の欲求」のさらに先にある新たな概念を提唱していました。

第六段階　コミュニティ発展欲求

これは、地域社会、企業や国家、ひいては地球など、自分が所属するコミュニティ全体の発展を望む欲求、と言われています。

この考え方は、とても興味深いものです。実際に今、富裕層の多くが社会貢献に力を入れたり、環境問題などに積極的に取り組んだりしているのは、まさにこの欲求を満たすためのように見えるからです。マズローが亡くなったのは一九七〇年。彼は四〇年前すでに今を予見していたのかもしれません。

トヨタが「エコ・プロジェクト」で提言したのも、この発想でした。自分たちが持つ技術の限りを使い、経済活動を続けながら、同時に地球環境も改善していく。

高度経済成長の時代には、環境保全と人間の進化は相容《あいい》れないものとされがちでした。「環境を守れと言うが、今の便利な生活を捨てる勇気を持って言っているのか?」

「そんなに環境を守りたいなら、人類を滅亡させればいい」

などと乱暴なことを言う人もいました。

けれども技術の進歩が、「地球と人間との共存」という発想を可能にしました。

そしていまやエコは、「ブーム」をも超え、無視できない基本概念の一つにまでなりました。もはやエコを謳《うた》わない電化製品を見かけないほどです。

そんな中で、「エシカル」というキーワードが語られるようにもなりました。ethical はもともと、倫理的、道徳上といった意味ですが、近年では「環境や社会に配慮している」といった意味で使われるようになっています。洋服ブランドであれば、オーガニックコットンや天然染料を使い環境に配慮しているか。食品メーカーであれば、有機栽培された食材を使い、フェアトレード（公正貿易）を行っているか。そういった視点で商品を選ぶ人が増えてきたのです。

こう書いてしまうと、「これからの企業は環境問題に力を入れるべきだ」と言っているようですが、そうではありません。

その企業がどんな思いを持ってモノをつくっているか。その企業にはどんな「大義」があるのか。消費者はみな、そこを見たうえで判断をするようになっている、ということです。

〝売れる〟をつくる三原則

いいものをつくるだけではだめ。広告も万能ではない。人々の嗜好《しこう》は多様化し、マーケティング調査にも限界がある。

では、いったいどうしたらいいのでしょうか？

僕は、こんな時代であっても、売れるモノはつくれると信じています。そこで、僕なりの「〝売れる〟をつくるための原則」を整理してみたいと思います。

〝売れる〟を生み出せる要因は三つあると僕は考えています。それを本書では「〝売れる〟をつくる三原則」と呼ぶことにします。

原則① 「ブーム」をつくる。
原則② 「ブランド」をつくる。
原則③ 「発明」する。

原則①の「ブーム」は、広告やPR戦略によって生み出すことが可能です。これまでにもさまざまな企業が、ここを目指してしのぎを削ってきました。

もちろん、たやすいことではありません。先にも述べたように、嗜好が多様化した現代は、ブームが生まれづらい時代。おもしろCMが続々とお茶の間をわかせたバブル全盛期の頃のようにはなかなかいきません。

そんな中でも話題の広告は確実に生まれ、「ブーム」をつくり出しています。テレビのオンエアを見られなくても、YouTubeで二次的に何万回と再生され、おもしろいサイトはSNSであっという間に広まっていきます。やはりクリエイティブの質が高ければ、こんな時代でも多くの人の心をつかめるのだと思います。

ただし、口コミのスピードが速まった分、マイナス情報も流れやすくなっています。ブームが収束するまでの速度も速まっています。

「一時的なブーム」を生み出すことだけに焦点を絞ってしまうと、ひたすら花火を打ち上げ続けなければならなくなり、やがて自らの首を絞めることにもなりかねない。このことだけは、留意しておいたほうがいいと思っています。

原則②の「ブランド」の重要性は、先にも述べたとおりです。ブランドについてはＰａｒｔ３でも触れたいと思っていますが、人々がこの商品を買う「根拠」を探すとき、「ブランド」はとても重要だと僕は考えています。

ブランドは、その商品に関するさまざまな要素の積み重ねによって構築されていきます。ＣＭによっても、店頭のＰＯＰによっても、商品の梱包方法によってもかたちづくられていきます。

「自分たちはどんなブランドでありたいか」。まずはこれを明文化しておくことが、ブランド構築の第一歩かもしれません。

そして、原則③の「発明」。これには二種類あります。

一つは、必要なのに、いままでなかったモノ。

車、時計、電話、計算機、コンピュータ、インターネット。新たな発明は常に人々の生活を変え、より良くしてくれます。

蛇足ですが、なぜあえて「必要なのに」とつけ加えたかを説明しておきましょう。僕はこう考えているからです。『人が想像すらできないけれど、それがあれば生活が豊かになるもの』というのは世の中に一つもないはずだ」と。

たとえば、タイムマシンはまだできていませんが、何十年も前に想像されたものです。ドラえもんの道具も、ガンダムのモビルスーツも、スター・ウォーズのC－3POも、現実世界にはまだありませんが、あったら世の中が変わります。人の想像力は、テクノロジーをやすやすと超えてしまうと、僕は信じています。

「発明」の二つめは、「すでにあるモノだけれど、その品質、機能、デザインに不満があるために消費者の十分な満足が得られなかったモノを、良いモノにしていく」こと。

前述した旭山動物園の例は、これに当たると考えています。Part3で述べますが、僕が手がけた自転車「HYDEE．B」もここに該当します。雑誌『V

ERY』とブリヂストンが共同で販売した子ども乗せ付き自転車ですが、徹底的にデザインにこだわったことで、子どもを一人しか乗せられないという短所があるにもかかわらず記録的大ヒットを生みました。

僕は、「ありそうでなかったもの」という言葉を好んで使います。

世の中にはすでにモノが溢《あふ》れていますが、実は、「ありそうでなかったもの」を生み出す余地はまだ残っていると思うのです。

「ありそうでなかったもの」を「発明」する。この手法は、これからの時代に最も可能性を秘めた方法だと僕は捉えています。

ここまで、「モノ」という言葉を使ってお話ししてきましたが、これは何も商品に限った話ではありません。産業形態やサービスなど、〝売れる〟という現象をつくり出すすべてに当てはまる原則だと考えています。

この三つを一つでも多く満たしていれば、より〝売れる〟に近づくはずです。

そして、これらの原則すべてにかかわってくるのが「アウトプットの質」なのです。

〝売れる〟をつくるヒントは商品の中にある

「〝売れる〟をつくろう」と思ったときに必要なのは、新たな発明でも斬新なひらめきでもありません。モノやサービスが飽和状態となった今の時代、〝売れる／売れない〟の違いは本当にわずかです。微差の部分で〝売れる／売れない〟が決まるとき、決定打となるのは次の要素です。「どこまで緻密にアウトプットの質を高めているか」。

では、アウトプットの質をどのように高めていけばいいのでしょう?

たいていの場合、その商品やそのサービスの中に、答えもしくは答えを見つけるヒントがある。僕はそう考えています。

一番大切なのは、本質をいかに突くかということ。そして、どちらの方向に魅力を伸ばしてあげればよいかを見極めることです。

たとえば、なんでもない一枚のタオルという商品であっても、さまざまな魅力と可能性を内包しています。そのタオルのアウトプットを高める方法は、そのタオルが知っています。

「ほかに類を見ない独自の技術が使われています」
「使い心地とやわらかさに徹底的にこだわりました」
「スタイリッシュなデザインホテルに多数採用されています」
「一〇〇%オーガニック素材です」
「繰り返し洗っても型崩れせずへたりません」
「厚みがあるのに乾きやすいので洗濯がラクです」
「自社工場によるカラフルな色展開も可能です」

そのタオルが持つ魅力とは、このうちの、どれとどれでしょうか?
そのどこを魅力的と捉え、伸ばしていくのか。
どこに光を当てれば、人の心に刺さるものになるのか。
そもそも、その商品の本質的な魅力は、何なのか。
これらをしっかりと見極めることで、〝売れる〟がかたちづくられていきます。

本質を的確に突くことで、爆発的な〝売れる〟すらつくれるのです。

〝売れる〟をつくる第一段階は、商品なりサービスの本質を見極めること。

その商品にはどんな魅力が隠れているのかを徹底的に洗い出す作業なくして、適切なアウトプットは生み出せません。

アウトプットのクオリティを高める方法

〝売れる〟をつくる第二段階は、その商品なりサービスの目指すべき方向を見つけること。その商品やブランドのどの部分を大切にしてアウトプットすればいいかという、大枠をつくり出します。

ナチュラルな魅力で勝負するのか、デザインホテルからの採用実績をもとにスタイリッシュさを打ち出すのか。技術の高さを売りにするのか、使い心地を追求するのか。ナチュラルさを打ち出すなら染料まで天然のものに変えたほうがいいかもしれませんし、カラフルさを押すなら、いっそ最初から十色展開にしたほうがいいかもしれません。

第三段階では、「A……意識的なアウトプット」のクオリティを高める作業に入ります。つまり「品質」「パッケージ」「広告」そのほかのクオリティをどれだけ高めていくかを、考え抜いて選択し、表現するということです。

仮に〝ナチュラル〟を売りにしよう、と決めたとして、検証すべきことは山ほどあります。商品自体はもちろん、タグの素材やサイズなどの細部も、印象を左右する要因となります。商品タグの文字は小さめに、少し文字間を空けてレイアウトしたほうがかわいらしく見えるかもしれない。広告は風景写真を淡いトーンで使い、コピーはあえて手書きにしよう。けれどパッケージだけはカチッとした印象にしたほうが、品質の良さが伝わるかもしれない……。

この部分の判断で、アウトプットの質が大きく違ってきます。どうやってプレゼンテーションしていくか、デザインをどうかたちづくっていくかもアウトプットです。細部をつくっていくときに迷わないためには、第二段階までに、徹底的にアウトプットの方向性を決めておく必要があります。

そしてすでにお気づきのとおり、第一段階の前には、〝ゼロ段階〟があります。

つまり、再三述べてきた「B……無意識のアウトプット＝思い」がなければ何も始まらないことは、もうおわかりのことと思います。

もう一度、繰り返します。

市場の飽和、産業技術の頭打ちと言われる時代に〝モノを売る〟という立場に立ったとき、僕たちはアウトプットに徹底的にこだわらねばなりません。見え方の重要性を、もっと強く意識する必要があります。

アウトプットの質を向上させるためには、突拍子もないアイデアで差別化を図るのでもなく、マーケティングに頼るのでもなく、本来その商品や企業が持っている魅力を最大限に引き出してあげることが最良の策です。それがゆくゆくは差別化につながり、売上げとなっていきます。

Ｐａｒｔ１では、アウトプットの質が問われる時代になってきたことを述べてきました。本書の基本的な考え方をお伝えしたところで、いよいよ具体的な方法を述べていきましょう。

Ｐａｒｔ２では、〝売れる〟をつくる第一段階「本質を見極めること」と、第二段階「目指すべき方向を見つけて、大枠をつくること」について述べていきたいと思います。

Part 2 〝売れる〟をつくる『〜っぽい分類』

すべてのモノは〝ポジティブ分類〟できる

アウトプットのクオリティを高めていくとき、商品やサービスそのものの中に、答え、もしくは答えを見つけるヒントがあります。

たとえばアイスクリームという商品をアウトプットするとします。味、かたち、パッケージ、デザイン、広告。それらがすべてアイスクリームの本質を突いたものになっていれば、消費者の心に刺さり、確実に売れます。

ではどうやれば、本質を突いたアウトプットができるのでしょうか？

僕自身、これまではその明確な答えを持っていませんでした。考えていけばわかるというような、漠然とした説明しかできなかったのです。

けれども今回、自分の頭の中の思考プロセスを紐解いていくことで、僕なりの「アウトプットの本質を突くための方法」を導き出してみました。本書ではそれを、こう呼ぶことにします。

『〜っぽい分類』

ちょっとふざけたネーミングに聞こえるかもしれませんが、どうやら僕はこれまで、頭の中で折に触れてこれをやってきたようなのです。対象となる商品やサービスの持つ魅力をさまざまな角度から「分類」することで、本質に近づいていくという方法。実際に、僕が手がけた製品を具体例として説明します。

まずは〝売れる〟をつくる第一段階「本質を見極める方法」を、『〜っぽい分類』で見つけたいと思います。

二〇一一年一一月一一日、中川政七商店による靴下の新ブランド「2&9（にときゅう）」が誕生しました。

中川政七商店は、二〇一六年に創業三〇〇年を迎える奈良県の老舗であり、奈《な》良晒《らざらし》という手紡ぎ手織りの生地の生産のほか、和小物の製造・販売なども手がけています。その中川政七商店が、地元・奈良の産業を盛り上げるためにも新たに靴下ブランドを立ち上げたいと考えた背景には、奈良県は靴下の生産量日本一だという事実があります。

さらに二〇一一年は、明治四三年（一九一〇年）に奈良広陵町で靴下の生産が始まってからちょうど一〇〇周年となる年。日本靴下協会は、一一月一一日を「靴下の日」に制定しています。実際、「11」という数字は2足の靴下にも見えます。

「ぜひ『11（靴下）』が並ぶ記念日に、新ブランドを立ち上げたいと考えているんです」

僕のところにアートディレクションの依頼があったとき、社長の中川淳さんはこうおっしゃいました。最初のオリエンテーションで中川さんが話してくれたブランド名は「29」。読み方はまだ決まっていませんでした。名前の由来として、以下のようなものが挙げられました。

・29は奈良の県番号

・なんとなく、数字のブランドというのはかわいいと思った

それを聞いた僕は、すぐにこんな感想を述べました。

・２＋９も11

・２９を逆に読むと「く（９）つ（２＝two）」。靴下は靴の逆側（内側）にあるものなので意味も合う

・ネーミングの発想としてはとてもいいと思う

ブランド名として数字を使うのはかわいいので、「２９」をブランド名にするというアイデアはいいと思いました。でも、本質を突くアウトプットにするには、もう少し工夫が必要です。

ポジティブ分類で〝ウォーミングアップ〟をする

本質を突くアウトプットをするとき、まずすべきことは〝長所探し〟です。その商品の本質にある、一番いい部分を抽出するということです。

前章でタオルの例を挙げましたが、どんな商品も、自身にさまざまな魅力を内包しています。高い技術、使い心地の良さ、スタイリッシュなデザイン、オーガニックな原料……。

しかし、あらゆる可能性がありすぎて、迷ってしまうという面もあります。ましてや、商品については熟知しているはずのつくり手は、商品との距離が近すぎるために、その商品がどんなものか、逆にわからなくなっていることも多々あります。

「この商品の長所ってなんですか?」と聞かれれば、みんな答えられるとは思いますが、それはプレゼン用の言葉であり、売らんがための煽《あお》り文句であり、商品の本質と乖離《かいり》している場合も少なくないのです。

〝売れる〟をつくり出すためには、原点に立ち戻り、商品を素の状態で見つめてみること。そのうえで、本質から最大の長所を引き出すこと。この原則を、忘れてはならないと思っています。

そこで僕が最初にやってみるのが、「ポジティブ分類」。文字どおり、「ポジティブな言葉」でその商品を表現してみることです。

やさしい、かわいい、かっこいい、賢そう、誠実そう、仕事がデキそう、モテそう、おもしろそう……思いつく限りのポジティブな言葉の中から、その商品に当てはまる言葉を見つけ出してください。

靴下ブランド「29」の場合は、「靴下のポジティブ分類」をしてみました。

真っ先に思いつくのは「温かい」でしょうか。靴下は、寒さから足先を守ってくれます。そこから派生して、「ムレない」「履き心地がいい」「足を守ってくれる」「フィットする」「疲れにくくて機能的」などなど、特徴はいくつも浮かんできます。

けれど、今挙げた項目はどれも、靴下という〝製品〟の特徴。しかし、ポジティブ分類でやるべきことは、製品の特徴の羅列ではありません。見つけたいのは靴下の本質。つまり、〝靴下っぽさ〟あるいは、〝靴下を靴下たらしめている靴下らしさ〟を探し出したいのです。

ではここで、少し発想を変えましょう。

靴下を擬人化して考えてみます。あなたが毎日顔を合わせている「靴下さん」は、どんな人でしょうか？

まず確実に、「いい人」だと僕は思います。毎日踏みつけられ、靴と足の間の小さな隙間で押しつぶされながら、足を温め、守ってくれるのですから。それでいて文句一つ言わないのは、辛抱強く我慢強いタイプと想像できます。時に自分の体に穴が開いても任務を全うしようとするあたり、かなり真面目で誠実な人柄が伺えます。そのうえ、足から出る湿気を自らが吸収することで、快適さを与えてくれる。心やさしい人でもあるのでしょう。

そんな靴下さんが身にまとっている雰囲気は、どんなものでしょうか？

温かで、謙虚で、誠実。次第に、「靴下さん」の輪郭が見えてきました。

【靴下のポジティブ分類】

- **温かい**
- **謙虚**
- **誠実……etc.**

こんなふうに靴下に人格を持たせて、「靴下は使う人にとってどういう存在であるか?」を考えると、正確なポジティブ分類ができ、その商品の本質が見えてきます。

「すごくスタイリッシュだったりトンがっていたりするよりも、温かで人間味に溢れたイメージのほうが、靴下の本質に近い」ということがわかってくるのです。

すべてのモノは『〜っぽい分類』で理解できる

ポジティブ分類をしてウォーミングアップができたら、次に、具体的な『〜っぽい分類』というプロセスに入ります。その商品なりサービスが、既存の〝何っぽい〟のかを考えてみるということです。すでに述べたとおり、これから世の中に出ていくもののほとんどは、まったく新しい発明ではありません。

〝売れる〟をつくる三原則を思い出してみてください。「原則③ 発明」の中で、〝必要なのに、いままでなかったモノ〟はごく少数の画期的発明だけですし、仮にそうだとしても、人が想像できるようなものです。

世の中のほとんどの人がつくり出そうとしている〝売れる〟は、すでにあるモノの中に潜んでいるのですから、既存の〝何っぽい〟に当てはめることで精査できるのです。

「色だったら、何色っぽい」

「動物だったら、何っぽい」
「国だったら、どこの国っぽい」
『〜っぽい分類』には、無限といっていいくらいバリエーションがあります。

僕は仕事でも、何かものを考えるときでも、さまざまな場面で『〜っぽい分類』をしています。これによって、物事をはっきりと捉え、本質に近づくことができるからです。しかもこれは、学生や、社会人になりたての人でも簡単にできる方法です。

逆に、メーカーの宣伝広告担当者や広告代理店の人たちなど、“長所を際立たせてどう売るかを考えるプロ”は、あまり用いない方法かもしれません。非常に単純で、素人っぽすぎると感じる人もいるでしょう。しかし、マーケティングデータよりも、戦略を頭の中からひねり出そうとするよりもずっと有効な方法だと、僕はさまざまなプロジェクトを通して実感しています。

では、「靴下」の『〜っぽい分類』を見ていきましょう。

どこっぽい分類

「靴下」について、〝どこっぽい分類〟をしてみます。靴下は、どこっぽい製品か？　ただし、質問の仕方にちょっとした工夫が必要です。

「靴下は、どこ（の国）っぽいですか？」と聞いてしまうと、おそらく答えはバラつきます。人によっては「カナダっぽい」と言うかもしれないし、「北極っぽい」と答える人が出てくるかもしれません。寒いエリアで必要だから、という具体的な理屈で考えてしまうので、発想が狭まります。自由にイマジネーションを広げる〝ぽい〟ではなく〝理屈〟で考えてしまい、本質までの道筋を間違えやすいのです。

コツは、大きな分類から入ること。極端にいえば、地球っぽいのか、地球外っぽいのか、というくらい大きなところから入っていくと、じわじわと本質に近づいていくことができます。

「靴下は南っぽいか北っぽいか?」。多くの人が、北っぽいと答えるのではないでしょうか。では、「アメリカか、ロシアか、ヨーロッパか、アジアか?」。なんとなく、ヨーロッパっぽいイメージではないでしょうか。では、ヨーロッパの中でも、とくにどこっぽいでしょうか?

「なんとなく、中東欧っぽい……チェコとかポーランドとか……チェコのおばあちゃんが手編みしている、みたいなイメージ……」

このように、想像を広げていくのです。

ちなみに、靴下の起源はエジプトらしいのですが、少なくとも日本人の中で「靴下」と聞いて「エジプト」と答える人はあまりいないでしょう。かように、事実とイメージには案外、乖離があるものです。

【靴下のどこっぽい分類＝中東欧っぽい】

こうして「中東欧っぽい」という答えが出たら、そこから派生するイメージを拾ってみましょう。自由に思い浮かべればＯＫです。

・中東欧→真面目さ、かわいさ、素朴さ、無骨さ、シンプルさ。かわいいけれど甘すぎない感じ。そういえば、中東欧の建物、鉄道、町並み、街角の看板……どれも、派手さはないのにセンスがいいなあ……

「中東欧」をキーワードに、イメージが広がっていきます。

誰っぽい分類

では、靴下は〝誰っぽい〟のでしょうか?

〝どこっぽい分類〟で「チェコのおばあちゃん」というキーワードが出てきました。これは、〝誰っぽい分類〟の要素の一つです。また、ポジティブ分類で出てきた「温か、謙虚、誠実」といった特徴も、「靴下さん」の性格を表しています。

真面目そうで、堅実そうで、決して派手ではないけれど、かわいらしさやチャーミングさも併せ持っている人……。こうやってイメージを膨らませてみたら、そこからさらに、みんなが思い当たる人物に当てはめてみるとわかりやすくなります。

この「靴下さん」の人物像、たとえば僕は、映画『かもめ食堂』に出てくる小林聡美さんやもたいまさこさんを思い浮かべたのですが、いかがでしょうか。

有名人、スポーツ選手、映画や小説の登場人物……。『サザエさん』に登場するカツオ」や「『ドラえもん』の静香ちゃん」のように、アニメのキャラクターになぞらえるのもおすすめです。人にたとえてみることで、そのものが持つ雰囲気がはっきり見えてくるのです。

ちなみに「29」プロジェクトの場合、スタッフ共通の知人の中に、たまたま謙虚で誠実な〝靴下さん〟のイメージに近い方がいました。みんなで彼女の人柄を思い浮かべてみると、靴下の魅力が急にはっきりと見えてきました。時にはそんな方法もあるかもしれません。

いつっぽい分類

〝売れる〟を目指して何かをつくるのは新製品発売の際が多いのですが、商品やサービスそのものは、必ずしも時代の最先端をいくものばかりではありません。靴下も然《しか》りでしょう。まだ一〇代なのに「昭和っぽさがいい」とされて人気のアイドルがいるようなものです。〝いつっぽい分類〟を考えることも、本質を見つけるのに役立ちます。

では、靴下は〝いつっぽい〟のでしょうか？　これは、ちょっと悩む質問です。迷ったら、先ほどの〝どこっぽい分類〟同様、大きな分類から徐々に狭めていきます。

昔っぽいか今っぽいか。

昔っぽくはない、のだとしたら、近代っぽいのか現代っぽいのか？

ここでも、理屈で考えては失敗します。

「一般的に靴下は、日本人が靴を履き始めたときからつき合い始めたものだから、明治時代？」。こんな具合に考えると、知識にとらわれ、また本質から遠ざかってしまいます。

こんなふうに考えてみてください。

「自分にとって、どの時代っぽい靴下が魅力的か？」

昔っぽいというと、和テイストの靴下？　なんだかピンと来ない……。そもそも昔っぽい靴下って、あまり肌触りが良くなさそう……。

考えていくうちに、あることに気づきます。「実は靴下には、機能性も求めている」ということです。ムレにくく、むくみにくく、足が疲れにくい。同じデザインであれば、そんな機能が付随した靴下のほうがいいはずです。

けれども、あまりにも最新鋭の靴下、というのもイメージがわきづらい……。

靴下の〝いつっぽい分類〟をすると、三〇〜四〇年前の町工場の風景がしっくりくるのでは、というのが僕の見解ですが、いかがでしょうか。工場の片隅では、メガネをかけ、黒いアームカバーをしたおじさんが事務机に座りそろばんを弾いている……。靴下には、そんな「工業っぽさ」が似合うように思うのです。

【靴下の〝いつっぽい分類〟】

・現代

（ただし、三〇〜四〇年前の、工業っぽさが残る時代）

『〜っぽい分類』はほかにもたくさんできます。色、図形、素材、触感、花、車、雑誌、洋服ブランド……。

靴下、というキーワードから自由に思い浮かべてみるのもおすすめです。たとえば、ストーブが似合いそう、木の洗濯ばさみと相性が良さそう、ロッキングチェアと合いそう（おばあさんが座って編んでいるイメージ?）、童話っぽい（サンタクロースがプレゼントを入れてくれたり、絵本のモチーフになっていたりするからでしょうか?）……などなど。

自由にイメージを膨らませてみると、その商品の輪郭がクリアになっていきます。

シズル感を上手に表現する

僕は通常、『〜っぽい分類』には時間をかけず、瞬時に行います。すでに述べたとおり、このプロセスは、理性より感覚に頼るほうが大切だからです。頭に考える時間を与えないためにも、短時間でやることをおすすめします。『〜っぽい分類』でやったことは、〝売れる〟をつくる第一段階、つまり本質を見極めることでした。これは実は、シズルを見つけ出す作業でもあります。

本質を突くアウトプットをするために、僕が最も重要視しているのはシズルです。『〜っぽい分類』は非常に大切ですが、あくまでシズルを見つけるための作業。〝売れる〟をつくるアウトプットをする一番の近道は、シズルをきっちりと上手に表現することだと考えています。

「シズル……sizzle」とは、もとは英語で肉がじゅうじゅう焼けるさまを指す言葉です。そこから、食べ物の写真を撮るときに行う、湯気や水滴などおいしそうに見せるための工夫を「シズル表現」と呼ぶようになりました。その商品の広告やパッケージから、いかにも食べたくなるイメージが喚起されるとき、「シズル感があるね」などと言ったりします。

そのポスターを見ただけでビールをぐっと飲みたくなるなど、シズルはもともと食品や飲料に対して使う言葉ですが、僕はもっと広義で捉えています。「そのものが欲しくなること」は、すべてシズルと言っていいと思うのです。

アートディレクターの佐藤可士和さんが手がけて一世を風靡《ふうび》したホンダ「ステップワゴン」のプロモーションには、ファミリーカーの本質を突く〝家族シズル〟があります。厳密に言えば、〝小さい子どもがいる家族のシズル〟でしょうか。手描きの、カラフルな文字やイラストが画面いっぱいに踊り、「小さな子どもと一緒に家族で出かけるときの賑やかで楽しい気分」がひと目で伝わってきます。

売れているモノのパッケージや広告にはシズルがあり、そのシズルには決して無理がありません。実に自然で、商品の本質を的確に表し、そのうえで強烈に五感に訴えてきます。

『〜っぽい分類』をシズルにつなげる

『〜っぽい分類』を終えた時点で、中川政七商店が考えていた「29」というネーミングについて考えてみます。数字というおもしろさはある。けれども、靴下のシズルは感じられない。僕はそう判断しました。

『〜っぽい分類』を通して浮かび上がってきた、靴下の本質とは何か？　やさしさ、温かさ、中東欧っぽさ、素朴さ……。こう考えると、「29」という名前はちょっと無機質で冷たく、靴下らしい温かみが感じられません。

そこで思いついたのが、「2と9の間に&を入れる」というアイデアでした。

【2&9のネーミング】

・読み方は「にときゅう」。&をあえて日本語の「と」と読ませることで、素朴で温かな印象を持たせる。

・&が入ることで、少ししゃれたイメージになる。→中東欧っぽさが出る

ちなみに「29」は「29」でしかありませんが、「2&9＝2と9＝2＋9＝11（靴下の数字）」になります。こんな理由づけも、ちょっと楽しいなと感じたのです。

「思い」と「ブランド」に立ち返る

さて、靴下らしさがどんなものか見えてきたところで、アウトプットの質を高める第二段階「その商品の目指すべき方向性を見つける」作業を行います。

世の中にはあらゆるタイプの靴下が出ています。通気性の良さなど高機能を謳った靴下。ポップな柄のデザイン性に富んだ靴下。高級素材を用い、履き心地にこだわった靴下。低価格を追求した靴下……。

「2&9」は、どの方向を目指すべきでしょうか？

ここで影響してくるのが、Ｐａｒｔ１で述べた〝ゼロ段階〟、つまり「思い」です。「ブランド」と言い換えてもいいかもしれません。

2&9はまだ輪郭すら見えていませんから、まずは、母体となる中川政七商店のブランドに立ち返ってみます。

麻の老舗として長い歴史を持つ中川政七商店ですが、最近は和小物以外にも、生活用品などさまざまな展開を行っています。

この中川政七商店には、明確な「大義」があります。それは、「日本の伝統工芸を元気にする！」というもの。売上げが年々下がり経営に苦しむ各地の伝統工芸のコンサルティングを行ったり、一緒に展示会を行い自社の販売ルートを紹介したり、自社の利益以外のことまでを真剣に考え取り組んでいる会社です。2＆9も、苦しい経営を強いられる地元・奈良の靴下工場の助けになりたい、という大義があって思いついたことでした。

「誠実」という会社のブランドと、靴下の持つ「誠実で真面目で素朴」という本質的な魅力を考え合わせると、答えが見えてきます。「安さで売る」というのは違うし、「ファッショナブルさを追求する」というのも違うということが見えてきます。あとはそこを伸ばすことで、靴下シズルが表現できる2＆9の方向性が絞られていきます。

最終的なアウトプットに落とし込む

方向性が絞られたところで、第三段階「アウトプットの質を高める」に入ります。

まずは製品。「2&9」の靴下は、履き心地に徹底的にこだわることにしました。靴下の本質である誠実さ、真面目さを、機能性で表現しようとしたのです。

たいていの靴下は、長く履いているとロゴム部分のあとが肌に残り、ゴムを弱くするとずるずる下がってくるというジレンマがあります。これを解消するために、あらゆる編み立て方法を試し、締め付けない靴下を開発しました。これは僕の役割ではなく、企業側の努力です。

「2&9」開発担当の女性ブランドマネジャーは、来る日も来る日も左右違う靴下を履き、さまざまな靴下を何十回と洗って強度を確かめ、靴下工場に日参して編み立て方法を相談したと聞きます。誠実な品質を実現するために決して妥協しない彼女の努力には、頭が下がります。

僕は僕で、「誠実さ、真面目さ、素朴さ」のシズルを出すアウトプットに注力しました。ファッショナブルではないけれど、「中東欧っぽい」というイメージと結びつけて、素朴な中にもかわいらしさがあるアウトプットとはどんなものでしょう?

入念に検証した結果、プレスリリースなどに表記する「靴下」という文字は、すべて「くつした」とひらがな表記で統一することにしました。靴下の温かさ、素朴さを表現するには、そのほうが伝わるというブランドマネジャーの判断です。素晴らしい選択だったと思います。

タグはチップボールの素材色を活かし、素朴さを感じさせるものに。ただし、あまりに素朴さに振りすぎると、真面目さ、誠実さが伝わらなくなるので、箔を使って端正に文字をデザインしました。プレスリリース、箱、売り場の什器、リボンの色。こうしてあらゆるものをつくっていきましたが、本質を見極め、演出すべきシズルもわかっているので、制作に迷うことはいっさいありませんでした。

最終的に僕が作成した2&9のロゴを見たほとんどの人は、「かわいい」と言います。でも、デザインをよく見てみると、決して「かわいらしい、甘いデザイン」ではないことがわかるはずです。実はちょっと、男っぽさもあります。これは『〜っぽい分類』で見つけた靴下の本質である、〝機能性〟を感じさせることにつながっています。また、「靴下の生産量日本一の県でつくっている靴下」というプライド（真面目さ）と、工業っぽさ（品質の良さ）を、消費者に対してプレゼンテーションすることにもつながっているのです。

『〜っぽい分類』をしてみることで、さまざまな要素のさじ加減も見えてくることがおわかりいただけるでしょう。

2&9の「くつした」は、非常に好調です。発売後あっという間に売り切れ、製造が追いつかない状態になっています。履きやすさに徹底的にこだわってつくられた「しめつけないくつした」の履き心地には僕もびっくりしますし、周囲にも「足を通した瞬間からファンになった」という方が大勢います。

社長の中川淳さんからは「なんといってもやっぱり、あのロゴの力です」と嬉しい言葉をいただくことができました。

※2&9オフィシャルサイト　：http://www.2to9.jp/

〝ソーシャル・コンセンサス〟とシズルをつなげる

シズルとは、消費者が感じてくれるものです。ひとりよがりに「この商品にはシズルがある！」と悦に入っても、誰も感じ取れなかったら意味がありません。

新たなシズルをつくり出す方法もあるのかもしれませんが、僕はあまり現実的ではないと感じます。それよりは、誰もが潜在的に共有している無意識、〝ソーシャル・コンセンサス〟とシズルをつなげるほうが〝売れる〟をつくる早道だと考えています。

『〜っぽい分類』はシズルを見つけるための作業だと述べましたが、もう少しわかりやすく言えば、〝誰もが感じる〜っぽい〟から、シズルが見つかるということです。

僕は、講演会で『〜っぽい分類』について話すとき、先ほど「2&9」で紹介したような手順で質問をしていきます。

「靴下って、どこの国っぽいでしょう？　ヨーロッパならスペインっぽいですか、フランスっぽいですか？　いや、中東欧っぽいですか、北欧っぽいですか？」

これまで聞いた何百人かの答えはほとんど、北欧もしくは中東欧にかけての国々でした。日本人のソーシャル・コンセンサスとして〝靴下は北欧か中東欧っぽい〟というイメージがあるのでしょう。そこで、北欧っぽさ、中東欧っぽさを喚起させるシズルをつくれば、その靴下は必ず売れます。ごくシンプルな話です。

ソーシャル・コンセンサスは、引き出し方によって全然違う答えが返ってきたりします。どのように潜在的無意識を拾い上げていくか、詳しい方法はＰａｒｔ３で述べますが、基本的なイメージトレーニングをやることもおすすめします。

たとえば学生時代や企業の研修の課題でつくるイメージボード。馬鹿にしたり、面倒くさいとか思ったりしがちですが、丁寧にやればソーシャル・コンセンサスとシズルをつなげる有効なトレーニングとなります。

アウトプットの〝タガ〟を外す

アウトプットをする情報の整理は、自分の内側から始まります。自分がアウトプットをしていると意識し、適切な情報の整理が常にできていないと、嘘の情報が表面に吹き出てきます。嘘とまでいかなくても、曖昧なものになってしまうでしょう。

ところが、熟知し、整理され、考え抜かれていればいるほど、アウトプットが本質からずれていくというジレンマも時にはあります。これも実例をもとにご説明します。

業界内の常識に縛られない

たいていの人は、そのものズバリを言い当てる能力はあまりありません。そのかわり〝比べる能力〟はかなり高いのです。だから僕は言葉という曖昧なアウトプットから共通認識を得るために、難しい〝記述問題〟ではなく、〝選択問題〟

をツールとしています。

中川政七商店が手がけるブランド戦略でも、そんな方法を用いています。

「粋更ｋｉｓａｒａ」は日本の贈りものをメインにスタートしたブランドです。ブランドコンセプトもズバリ〝日本の贈りもの〟。中川政七商店にはもう一つ、「遊　中川」という和の小物を扱う先発ブランドがあり、こちらのブランドコンセプトは〝古き良き遊び心〟です。

贈りものをそろえた「粋更ｋｉｓａｒａ」のほうが、高額で大人っぽいブランドという社内の差別化はあるものの、若い人からお年を召した方までいる和の小物好きの客層は、「遊　中川」と「粋更ｋｉｓａｒａ」で重複しています。扱うアイテムも厳密な線引きが難しく、僕と「粋更ｋｉｓａｒａ」のブランドマネジャーは、より良いブランディングを模索中というわけです。

その一環で僕はブランドマネジャーに、「『粋更ｋｉｓａｒａ』はどんなブランドですか？」と改めて尋ねてみました。浮かぶ言葉を自由に挙げてもらったのです。

「凜としている、シュッとしている、冬の朝、背筋が伸びた感じ」などの言葉が即座に返ってきました。優秀な彼女は、すでに外部の方やお客さんに聞いて回っていたのです。

「そうですか。僕はかわいいと思うんですけど……」

こう言うと、ブランドマネジャーは怪訝な顔をしました。シンプルで大人っぽい品ぞろえなのに、なんと見当違いだと感じたのでしょう。でも、僕には確信がありました。

「粋更ｋｉｓａｒａ＝凜としている」というのは、小物や雑貨の業界内もしくはブランドファンの顧客にしか通じない共通認識です。

業界で考えれば、確かに「粋更ｋｉｓａｒａ」は「フランフラン」より凜としているでしょう。しかし、Ｐａｒｔ１でもお伝えしたとおり、競合は同業他社だけではないのです。本当に凜としているなら、伊勢神宮と比べても凜としていなければなりません。

商品はどれも冬の朝に似合うすっきりした小物かもしれませんが、京都の老舗《しにせ》の国宝級の品よりも冬の朝に似合っているでしょうか？　もしかすると本当に冬の朝に似合うのは、いずれの小物でもないかもしれません。何一つないまっさらな畳だけの部屋に、窓からシュッとした草が見える、これこそ美しい冬の朝というのもあり得ます。

こうして業界を離れて比較すると、「粋更ｋｉｓａｒａ」はかわいいし、ポップです。旭山動物園の競合がＤＶＤであるように、すべての市場が競合する時代、業界内の常識にとらわれていては、正しいアウトプットはできません。

企業文化に縛られていないか

僕が「粋更ｋｉｓａｒａのアウトプットの本質は『かわいい』だ」と判断できたのは、外部の人間だからです。人はみな、物事をミニマムで捉えています。深くかかわっていたり、そのものが好きであればなおのことです。

これは「粋更kisara」に限らず、どんな会社でも、どんな業界でもよくある話です。そもそも「ブランドマネジャー」というものはそのブランドを体現する存在ですから、優秀であればあるほど、引いて見ることができなくなるジレンマを抱えています。

さらに、どんな会社にも社内の共通認識があります。中川政七商店では「粋更kisara＝凛としている」は常識ですが、社外で同じように捉えてもらえるかどうかは別問題です。

一般論として、一つの業務にずっと没頭している人は、豊富な経験値を持っています。この経験値が、時に自由な発想を邪魔します。気づかないうちに、がっちりとタガがはまった状態に陥ってしまうことがあるのです。

一方で、少なすぎる経験値も自由な発想や正確なアウトプットを難しくするタガとなります。年齢が若ければ、経験も少なく世界も狭いでしょう。ファストフードでしか外食したことがない人が、「マクドナルドって、ちゃんとしてるよね」と言っても、〝ソーシャル・コンセンサス〟から外れています。「飛行機はすごく狭くていやだ」と思う人もいれば、「映画が好きなだけ見られて、クリュッグが飲み放題だ」という人もいるのが社会なのです。

業界内常識や、企業文化。自分の経験値にだけ縛られているためにはまっているタガ。この三つを、外していかなくてはなりません。

『〜っぽい分類』で〝ソーシャル・コンセンサス〟に近づける

多くの日本人にとって、春の色はピンクです。おそらく桜を思い出すからです。「春」と聞いて、わくわくしたまぶしいイメージを持つのは、入学、入社など、さまざまな新生活が始まる季節だからでしょう。一方で、春にある種の切なさがつきまとうのは、卒業など、別れの季節でもあるからかもしれません。はかなく散っていく桜を想う人も少なくありません。

東京大学が秋入学を検討していますが、もしも日本の学校すべてが秋入学になったら、日本人の春というものへの共通認識は、やがてまったく違うものになるはずです。

〝ソーシャル・コンセンサス〟は、共通の地域、集団、属性、国であればあるほど近くなります。しかし、異なる文化背景を持っていると、ずれが生じる場合もあります。

　また、あまりに近すぎる集団にいると、〝ソーシャル・コンセンサス〟の中の〝村社会〟ならぬ〝ムラ・コンセンサス〟に閉じこもってしまい、これまたずれが生じます。

　業界内常識や企業文化、自分の経験値というタガを外すための作業としても、『〜っぽい分類』は有効です。

「粋更ｋｉｓａｒａ」ブランドを考えるに当たっては、打ち合わせの場にいたスタッフみなで〝花っぽい分類〟をやってみました。「粋更ｋｉｓａｒａ」というブランドを花にたとえたら、どの花っぽいかイメージしてみたのです。

　芍薬、椿、桜、百合。「もっと挙げて」と言うと、「ガーベラは違うし、紫陽花はぎりぎりでしょうか」という話になってきます。

「じゃあ、朝顔はなし。夕顔だったら入るんですか？　いや、小学生が育てている朝顔は入らないけど、野にひっそり咲いている朝顔は入る？　それなら床の間の掛け軸の前に活けてある朝顔はどうです？　あっ、これじゃ〝花っぽい分類〟じゃなくてシチュエーション分類ですね」

こうしてみんなで盛り上がりながら考えていくうちに、勘のいいブランドマネジャーが、声を上げました。

「ああ、意味がわかりました！　今の『粋更ｋｉｓａｒａ』の商品に、ガーベラも混じっているってことですね！　それをかわいいと思って買う人がいても不思議はないですよね」

最初は、「かわいいなんてそんな……。うちはキャラクター商品なんか置いていないし……」と訝しげだったのですが、業界を離れて考えれば、自社商品も「多様なかわいらしさのうちの一つ」だとわかります。キャラクター商品のような子どもっぽいかわいさとは別の、大人のかわいらしさが購買に結びついており、本当に凛としたものが好きな人は、別のお店の顧客なのです。『〜っぽい分類』によって「粋更ｋｉｓａｒａ」というブランドのアウトプットと商品のアウトプットの乖離を知れば、どうすればいいかが見えてきます。

「愛してもいいけど、溺れちゃダメ」

僕はタガに関して、こう思っています。仕事やクライアントを愛さなければアートディレクションなどできませんが、悪いところまで〝あばたもえくぼ〟になるのは危険です。

「すごいDVだし、借金もいっぱいあるけど、いい人なの」

こんな共依存カップルのような関係になってしまうと、会社や仕事の長所を見つけるのではなく、短所を認められないひとりよがりなアウトプットになってしまいます。

本質とシズルを見極める法① 消去法で検証する

Ｐａｒｔ2のまとめとして、本質とシズルを見極めた実例をいくつか紹介しましょう。アートディレクターである僕がアウトプットで果たす役割は、スタイリストに似ています。

「本質を見極めることで、本当にその人（＝商品やサービス）に似合う洋服を選び出し、ちょっとおめかしさせてあげて、ふさわしいシズルを感じさせ、世に送り出す」

ここに嘘があってはなりません。無理をさせてもいけません。食品会社の偽装事件が時折起きますが、嘘がないことはすべての業界で持つべき倫理です。

だからこそ、僕がアートディレクションをするときは、そのモノに〝似合わない服〟を着せない。〝厚化粧〟で違う顔に変えたりしない。すっぽり着ぐるみを被せるように、〝別人〟にしてしまうなど、もってのほかです。

時にはおしゃれをさせず、こざっぱりと清潔にするだけでいいこともあります。

この前提は、ぜひお伝えしたいことです。そのうえで、モノやサービスの本質に集約されたいろいろな〝思い〟を汲み取り、過不足なくアウトプットすべきだと考えています。

さらに〝売れる〟ということを考えたときは、時代のシズルも鑑みなければなりません。その時代が何を求めているか、本質を損なわずにそのニーズに応えるアウトプットをするにはどうすればいいかを考えていく、ということです。

まずは消去法によってアウトプットを検証していく方法を、僕が手がけた「くまモン」をもとに説明しましょう。

今だから受け入れられた「くまモン」

二〇一一年三月、九州新幹線が博多から鹿児島まで開通するに当たり、「くまもとサプライズ」という熊本活性化のキャンペーンが行われました。プロデュースしたのは小山薫堂さん。最初にいただいた依頼は、「ロゴをつくってください」というものでした。僕は当然、ロゴをつくったのですが、いつもの悪い癖が出ました。「このロゴだけで、どれだけ機能するんだろう?」と考えてしまったのです。頼まれてもいないことをなぜ考えたかといえば、売上げが伸びること(この場合は熊本にたくさんの観光客が来てくれること)を大前提に、本質を見ているからです。

もちろん、ロゴが無駄だというつもりはありません。旗印としてさまざまな場面で露出すれば、賑やかにはなるでしょう。しかし、もっと効果的にアピールする方法があるのではないかと考え、その答えがキャラクターだったということです。

官公庁や地方自治体のキャラクターというのは以前からありますが、地方自治体のオフィシャルキャラクターは、くまモンほど〝とぼけた顔〟をしていません。

① 愛らしい

② その地域の特徴を取り入れている

従来の地方自治体キャラクターは、この二つのどちらか、もしくは両方を兼ね備えたものが多かったように思います。いわば正統派、〝学級委員タイプのかわいい子〟というわけです。その中でくまモンは、あきらかに異色。少し前だったら「ふざけるな」と言われたかもしれません。

しかし、それはあくまで少し前までの話。時代は常に動いています。いかにもお役所然としたものが嫌われつつあるのも事実です。二〇〇八年、僕が農林水産省のロゴをつくったときにも、担当者から「もっと親しみを感じてもらいたいので、そういうロゴをつくってほしい」と念を押されました。

今回の「くまもとサプライズ」で時代のシズルを意識した場合、正統派のキャラクターが物申すよりも、少しとぼけているくらいのほうが耳を傾けてもらえるのではないかと思いました。

「くまもとサプライズ」のイメージキャラクター「くまモン」は、こうして誕生したのです。最初は熊本県庁の方も「キャラクター？」と戸惑っていましたが、「ゆるキャラグランプリ２０１１」では見事一位を獲得、今では熊本県のキャラクターに昇格して、あちこちのイベントに引っ張りだこです。

なぜ、「熊本＝熊」なのか

人気が出たのも手伝って、「なんで黒い熊にしたんですか?」とよく聞かれます。この答えが、本質を突くアウトプットの説明にもなると思います。

熊本を素朴に外から見てみると、字面にある「熊」のイメージが強くあります。名前に動物の名前がついている都道府県は少なく、群馬、鳥取、鹿児島、熊本の四つだけです。しかも熊本以外の三県は、字に動物が入っていても読み方が違います。「ぐんウマ」ではないし、「トリとり」ではないし、「シカごしま」ではないのです。

それでも「群馬のイメージは馬」「鳥取のイメージは鳥」というのはあり得るでしょう。しかし、「鹿児島のイメージは鹿」というと苦しいものがあります。奈良という、ぴたりと鹿のイメージがついた強力なライバルがいるからです。「熊＝北海道」というイメージもありますが、文字にそのままの読み方で動物が入っているという熊本の強みは、それに対抗し得るものです。

熊本に住んでいる人にとって、地名はあまりに見慣れすぎていて、そこに

「熊」が入っていると意識していない可能性はあります。そもそも、九州では絶滅したとされる野生の熊が、熊本にいないのは当然だと思っているかもしれません。しかし、前述したとおり、知識とイメージには乖離があります。また、「商品については熟知しているはずのつくり手は、商品との距離が近すぎるために、どんなものかわからなくなっている」というジレンマもあるのです。

地名に、読み方もそのままの動物が入っている稀有な県。その長所を活かして、キャラクターは熊に決定しました。

「くまモン」が黒い熊である理由

「なぜ、黒い熊にしたのですか?」

これもよくある質問です。確かに黒いキャラクターはあまりないし、クマのキャラクターの代表格「くまのプーさん」は黄色、「リラックマ」は明るく淡い茶色です。もしかすると「キャラクター＝かわいらしいもの、ファンシーな色合いのもの」という固定観念があるのかもしれません。でも、よく考えてみると、世界一有名なネズミのキャラクターは黒なのです。

「キャラクター＝淡い色」という知識や固定観念を外し、色の『〜っぽい分類』をしてみました。熊本の熊は何色っぽいか、イメージしたのです。

僕の中で和熊のイメージは、黒もしくは限りなく黒に近いこげ茶です。明るい茶色の熊というのは、なんとなく〝洋モノ〟っぽく思えます。テディベアのイメージもありますし、「金色や茶色でなく、日本の和熊は黒毛だろ！」というところでしょうか。

また、熊本の熊のキャラクターは、「くま」でも「クマ」でもなく、「熊」なのです。ひらがな、カタカナ、漢字を持つ日本人にとって、それぞれの文字が持つイメージもあります。「くま」や「クマ」なら淡い色かもしれませんが、漢字の「熊」は黒。そもそも「ム、月、ヒヒ、点々、点々」となっている画数が多い「熊」という漢字自体、なんだか黒っぽく見える。さらに熊本城も黒なのです。「淡い色の熊」では、熊本っぽさが足りない。消去法によって「キャラクターは黒い熊」に決定しました。

　くまもとサプライズのキャラクターですから、くまモンは最初からびっくりした顔をしています。当初の目論見どおり、ゆるキャラの中でもゆるい顔ですが、実はキャラクターデザインはかなり緻密につくり込んでいます。目の大きさや、ほっぺの赤丸の大きさだけでも何百案と検証しました。

「くまモン」が「くまモン」である理由

「キャラクターが黒い熊なのはいいけど、名前はどうして『くまモン』なんですか。「くまポン」にすれば良かったのに」

　これもよく言われることです。「熊本」の「本＝ポン」という発想なのでしょう。当然のごとく真っ先に、僕の頭にも浮かんだ名前です。けれども、消去法で真っ先に消した名前でもあります。

「くまモン」の〝モン〟には、「熊本の者」→「者＝もん」というニュアンスもこもっています。熊本弁では、「あんじゃもん（兄貴分）」「わさもん（早生者）」など末尾に「モン」をつけることがあるそうです。キャラクターが何かしゃべったときにも、語尾に「モン」とつけたら、キャラクターに不可欠のかわいらしさも出ます。

さらに「くまもと」と「くまモン」は「くまも」まで同じ。一字違うだけで響きが似ており、一度「熊本のキャラクターだ」と知ったら忘れないだろうという読みもありました。こう考えると、かわいいけれどありがちな「くまポン」は消去法でナシとなるのです。

「茶色や淡い色でなく黒い熊」『くまポン』でなく『くまモン』」という消去法で、黒い熊「くまモン」は誕生しました。『〜っぽい分類』に慣れてくると、このように〝〜っぽくない〟を排除しながら消去法で答えに近づくという、〝ぽいの応用〟ができます。

ちなみに、今の人気ぶりは僕の力ではなく、熊本県庁をはじめとする、くまモンにかかわるみなさんの努力の賜《たまもの》。あちこちのイベントにどんどん出演し、twitterではかわいらしい口調でマメに情報を更新し、「くまモン体操」をつくり、ユーモラスでキレのいい動きで笑わせ……。

今では全国区の人気になり、熊本に行くとものすごい種類のくまモングッズが売られていて、びっくりします。

※くまモンオフィシャルサイト　http://kumamon-official.jp/

本質とシズルを見極める方法②
目立たなかった長所を引き出す

その商品の本質とシズルを見極めるためには、「目立たなかった長所を引き出す」ということもよくやります。その例として、グッドデザインカンパニーが四年にわたって担当している東京ミッドタウンのイベント広告を紹介します。

商業施設とは、その存在自体がアウトプットです。企業は自社が開発した商業施設を通して、都市開発を手がける競合企業、地主、民衆、国に対してプレゼンテーションしている――僕はこんなふうに捉えています。東京ミッドタウンとは、三井不動産の商品というアウトプットであり、「私たちに土地なりお金なりを渡してくれれば、こういうものができますよ」という次の仕事へのプレゼンテーションだというわけです。

仮に「大阪駅前を再開発しよう」という話が持ち上がったとき、プロジェクトの発注先は三菱地所か、三井不動産か、森ビルから選ぼうとなれば、すでにある完成品をもとに判断されるでしょう。広告自体がこうした意味合いを持つとしたら、どのようなアウトプットが良いのでしょうか。

東京ミッドタウンにあって競合にない長所を見つける

東京ミッドタウンのライバルの一つは、三菱地所が開発した丸ビル。もう一つは、森ビルの手による六本木ヒルズです。

東京駅一帯を都市開発している三菱地所は、まず人が働くオフィス街をつくり、それに付随する飲食店やショップを展開しています。交通の要衝である東京駅というロケーションを考慮し、オフィス・飲食・物販が一体化したオフィス街のあり方を提案したのです。

森ビルはエンターテインメントに力を入れて六本木ヒルズをつくったと、僕は解釈しています。テレビ朝日を誘致していますし、巨大な映画館もあります。東京国際映画祭のメイン開催地にもなっています。ライティング一つとっても、都会ならではのエンターテインメント性を意識している印象があります。

六本木ヒルズの開業は二〇〇三年、新丸ビルと東京ミッドタウンの開業は二〇〇七年です。三井不動産は同時期にできた競合二社に対して、何を考えてミッドタウンをつくったのかをプレゼンテーションするべきだと僕は考えました。

目立たなかった長所を再発見する

僕が広告クリエイティブを担当するようになったのは開業二年目。その頃、東京ミッドタウンというアウトプットでフォーカスされていたのは、「日本の心を継ぐ、おもてなしの街」というコンセプトでした。もともと、建物外壁の日除《ひよ》けルーバーも伝統的な京都の町家の格子がモチーフ。日本の魅力の発信に力を入れていたのです。

「21_21 DESIGN SIGHT」があることも手伝って、東京ミッドタウンはデザイナーに人気のスポットですが、僕は仕事を引き受けるまであまり足を運んだことがありませんでした。じっくり歩いてみると、都会の真ん中なのに、すごく気持ちのいい公園があります。こんなにいい場所ならもっとアピールしたほうがいい、この公園をいかにプレゼンテーションするかを考えようと決めました。既存の「日本の魅力の発信」に「公園の魅力」をつけ加えることで、より東京ミッドタウンの本質に近い良質なアウトプットになると考えたのです。

人の長所が一つでないように、モノやサービスの長所も一つではありません。「やさしいところが長所」と思われていた人が、「いざというときは芯が強い」という別の長所を持っていることもあります。その二つが組み合わさってこそ、その人の本質に近づきます。ミッドタウンの長所も、「日本の心を継ぐ、おもてなしの街」一つだけではなかったということです。

三井不動産は、「柏の葉キャンパスシティプロジェクト」という学園都市の開発も手がけています。コンセプトは「環境・健康・創造・交流の街をつくる」。名前に葉とつくだけあって、人と自然との共生、緑の多い環境を意識しているようです。

東京ミッドタウンのロゴも緑です。人と自然がともにある街づくりというのは、おそらく個別のプロジェクトというより、「三井不動産という会社のアウトプット」でもあるのでしょう。Ｐａｒｔ１で述べたとおり、会社の意識的あるいは無意識のアウトプットは、商品のアウトプットにも、折に触れて出てきます。

三井グループが持つ、人の暮らしを大事にする姿勢は、人間だけにフォーカスしてはいません。人を大事にするがゆえに、人を取り巻く住環境や自然環境、いろいろなことを大事にするという考え方だと思います。煩雑であろう手続きを踏み、整備をし、きちんと公園をつくったのはそれゆえなのに、そこが伝わり切っていないとしたら、あまりにもったいない話です。

時代のシズル感を出しながら、長所を最大化する

東京ミッドタウンでは、時代のシズル感を出すことも意識しています。

六本木ヒルズ、新丸ビル、東京ミッドタウン。こうした商業施設を訪れる顧客はみな「新しいもの」を求めて足を運びます。時代遅れなもの、時代にそぐわないものは、それだけで失格です。

たとえば六本木はもともと繁華街であり、猥雑《わいざつ》さが強くありました。バブルの匂いがする夜の街という古いシズルが染みついていて、二一世紀を迎えた今、女性やファミリー層、若い人が求める時代のシズルとは違っていたということです。

そこで六本木ヒルズは、エンターテインメント性や、スタイリッシュな都会の生活の提案をしたように思います。夜の街という本質から出るシズルは変えずに、夜九時まで開いているアパレル店、明け方まで開いている書店（TSUTAYA）、朝までやっている映画館をつくりました。時代に合わせてシズルを洗練させたのです。

ブランド店を多く入れたことで、かねて持っていた〝外国っぽい〟〝派手っぽい〟という本質からくるシズルを、時代に合わせることに成功しています。六本木ヒルズは、六本木の街そのものを洗練し、スタイリッシュに変えたといっていいでしょう。

東京ミッドタウンができた二〇〇七年は、〝ブームとしてのエコ〟が一段落し、ごく普通の生活の中で環境が意識されるようになったタイミングです。これはすなわち「都会的な暮らし」にみんなが少し疲れてきていたタイミングでもあったと僕は感じます。

だからこそ緑の芝生を前面に打ち出し、朗らかで穏やかな広告を展開すれば、時代のシズル感を出すことができるのではないかと考えました。

こうした点も踏まえ、東京ミッドタウン開業一年半となる夏のイベント広告では、公園というあまり目立っていなかった長所を最大化することを意識しました。「MIDORI&KAZE&KUTIBUE（緑・風・口笛）」というコピーで、芝生の上に手をつないでハートマークをつくっている男女の影を写真に撮り、プレゼンテーションしました。緑と共存するということ、公園があることをゆるやかにアピールする企画です。最終的には「MIDTOWN❤SUMMER（ミッドタウンラブズサマー）」というイベントとなりました。

担当二年目となる五月に僕が提案したのは、都心の豊かな緑とともにあるライフスタイルを提案する「MIDPARK　PROJECT」。ニューヨークのセントラルパークほどではないものの、東京のど真ん中に公園があるのは、それだけですごい長所だと思ってのアウトプットでした。

さらに、プロジェクトが始まる日を五月のゴールデンウィークに定め、海開きならぬ公園開きをやる「OPEN　THE　PARK」というイベントも提案しました。寒さも去り、恋人たちが語らったり、子どもたちがわっと走り回ったりできるような季節の到来を告げる。これは東京ミッドタウンの本質が伝わるアウトプットになるでしょう。幸い、これも毎年の恒例になり、芝生の上でのヨガやライブなど、さまざまな企画も派生しているようです。

一連の広告展開も効果があったのか、最近、「ミッドタウンは、六本木界隈のイメージを明るく清々しくしたよね」という言葉をいただきました。

六本木ヒルズが「街を洗練させ」てから四年後、東京ミッドタウンが「街を明るく清々しくした」のだとすれば、やはり時代のシズルとは変化するものだと感じ取れます。

こうしたことを考えると、アートディレクションはおもしろいな、と改めて思います。

Ｐａｒｔ2では、アウトプットにふさわしい本質とシズルを見極める方法、さらに時代のシズル感を取り入れる方法を、実例をもとに説明しました。

しかし、ここであえて触れなかった要素があります。それは、アウトプットのプロセスに不可欠な、人とのかかわり方です。すでに述べたとおり、現代のビジネスシーンに、最初から最後まで自分一人でできるアウトプットというのは存在しません。

そこでＰａｒｔ3では、アウトプットの最終工程である実務作業のあり方と、その一環である人とのかかわり方について述べます。

Part 3　アウトプットの精度を高めるプロセス

イメージから本質を抽出していく

人もモノも、すべては意識的にも無意識にもアウトプットをしていますが、非常にわかりにくい場合も多々あります。すべては曖昧だと思って疑ってみるのも、〝売れるアウトプット〟をするための重要なファクターとなります。

たとえば、人の思い浮かべるイメージは一様ではありません。

「大きな桃がどんぶらこと流れてきた」

こう聞いたとき、思い浮かべる桃の大きさは人によって違います。五〇センチの桃を想像する人もいれば、一メートルのものを想像する人もいます。

また、「一寸法師」と聞いたとき、たいていの人が思い浮かべるのは一〇センチ程度の人ではないでしょうか。絵本に載っている「お椀から頭を出した一寸法師」のイラストを思い出すからです。しかし一寸とは約三センチ。このように、イメージと言葉が合致していないケースも多々あります。

こうしたすれ違いは日々無数に生まれており、その大きな原因の一つに「アウトプットとは確実性の高いものである」という思い込みがあると僕は感じます。僕たちは特に「言葉のアウトプットは絶対だ」と無条件で信じてしまうようです。

言葉を信じてはいけない

誰もが一つの商品に集中する時代ではなくなったとはいえ、日本人は信じやすい国民です。影響力がある人が何か発言すると「そのとおりだ」と素直に受け入れてしまいます。

テレビで言っていた、新聞や本に書いてあった、著名人が言った……。なんでもすぐに流行しやすいマーケットという一面を持つのは、おそらく狭い国ゆえに、個人の意見よりも集団の総意を尊重するという背景があるのでしょう。人の意見がどんなものかを検討せず、〝とりあえず同調しておく〟という習慣があるのかもしれません。

しかし、これが裏目に出てしまうこともあります。誰かが発した曖昧なアウトプットに曖昧なまま同調していては、本質を突くアウトプットができなくなります。

具体的に言えば、モノをつくる側が〝消費者のニーズ〟を鵜呑《うの》みにするのは危険です。

「どんな商品が欲しいですか?」とマーケティング調査をすれば、対象者はいろいろな意見をアウトプットしてくれます。そこに嘘も悪意もありませんし、きちんと言葉になっています。

しかし入念に検討してみると、具体的なようで曖昧な意見ということも珍しくありません。本人の意見ではなく、雑誌で見たことを口にしている可能性もあります。

それなのに商品をつくり、売ろうとする側が、「消費者がこう言うのだから、ニーズはこれだ」と信じ込めば、その結果生まれた商品というアウトプットは、本質とは違う〝売れないモノ〟になるでしょう。すでに述べたとおり、マーケティングデータは絶対のものではないのです。情報の持ち主すら、自分がどんな情報をアウトプットしているか理解していないことがある。こう認識する必要があります。

「言葉を信じないようにする」

これはあらゆるアウトプットを正確に理解するために、僕が心がけていることでもあります。とくに企業と消費者の橋渡しとなり、売れるものをつくるためには、言葉の曖昧さを排除して本質を見極めなければなりません。

消費者の声を活かしたアウトプットとは？

消費者の曖昧なアウトプットから、どうやって必要な情報を整理し、〝売れる〟アウトプットをつくり出せばいいのか？　そのプロセスを、僕がアートディレクターとして参加したブリヂストンの自転車「ＨＹＤＥＥ．Ｂ」を例に説明します。

雑誌『ＶＥＲＹ』の編集部からグッドデザインカンパニーに、〝ママ向けの自転車をつくりたい〟という依頼がありました。『ＶＥＲＹ』とブリヂストンがコラボレーションし、「もっとおしゃれに子どもを乗せたい」という読者の声を反映した自転車を開発するプロジェクトです。ここでは便宜的に、子どものいる女性が乗る自転車を〝ママチャリ〟と表現することにします。

コラボレーションかどうかは別として、消費者の声をもとに商品開発するというのは、業種を問わず、どのメーカーもやっていることです。確実に消費者のニーズを反映しているかといえばそうではなく、「売れない」という壁を感じている人も多いでしょう。

僕はこのプロジェクトを、次のような手順で進めていきました。

情報の整理①　散らかす

僕が情報をアウトプットする場合は、必ず次の手順を踏みます。

情報の整理①　散らかす
情報の整理②　〝いる／いらない〟に分類する
情報の整理③　優先順位をつける

このケースでは、『VERY』編集部が、読者のアウトプットした情報をすでに整理してくれていましたが、僕なりに整理するため、これまであまり縁がなかったママチャリというものの情報を書き出していきました。

散らかすという文字どおり、ランダムにばらばら挙げていきます。その上で、資料、調べたことや思いついたことのメモなど、〝言語化された情報〟を机の上に出す。次に、街で見かけたママチャリを撮った写真、既存商品の説明書、インターネット上の情報といった〝視覚化された情報〟も雑多に並べます。

プロジェクトが大きいときは、かかわっている人がたくさんいます。その中で共通認識を徹底させるために、全員の前で〝散らかす〟こともしています。テーブルの上に全部置いてみると、今のママチャリというものがはっきり見えてきます。基本は大きなデスクを目いっぱい使い、時には足の踏み場もないほど事務所中に広げる散らかし方。一人で作業をするときは、頭の中でやることもあります。

情報の整理② 〝いる／いらない〟に分類する

どういう自転車をつくるかを考えたとき、「いままでに、ありそうでなかった自転車をつくろう」と決めていました。その場合のアウトプットの手法は非常に簡単で、いままで過剰だったものや、いままで当たり前とされていたことすべてを徹底的に疑ってみます。そのうえで、散らかした情報を〝いる／いらない〟で分けていきました。

商品開発やマーケティングに携わっている人は、「そんなの、新人だってやる当たり前のことだ」と思うかもしれません。しかし、ここでのポイントは、〝いる／いらない〟の判断基準を、客観的な意見だけに頼らないこと。

「消費者の〇人以上が『いる』と言ったから、いる」

「データで〇パーセントは『不要』とあるから、いらない」

こうした数の論理だけに当てはめると、本当にいるものといらないものが見えなくなってしまいます。大切なのは、「いる」と答えた人がそう答えた〝理由〟を考えることです。「いらない」と言った人たちが多いのは、たまたまかどうか疑うことです。今「絶対いる」と言っている人は、来年もまだ「絶対いる」と答えるかどうか想像することです。

消費者のアウトプットが曖昧である以上、その背景を考えることは重要です。〝いる／いらない〟の判断に対する時間のかけ方やコストのかけ方が、商品というアウトプットのクオリティを左右すると認識しましょう。

自分で〝いる／いらない分類〟をする際、どんなに強く確信していても、「直感的にそう思います」という言い方は、良くないと思っています。直感的なセンスがあるとされるアートディレクターやデザイナーであっても同じことです。もちろん、実際には最終的な部分で感覚的に判断することもありますが、それでも僕は必ず、人に説明して理解を得られる理由を探すことにしています。

水野学が考える〝ママチャリにいらないもの〟

このプロジェクトでは、〝いらない〟には二パターンありました。機能と装飾です。

【ママチャリにいらないもの】

- **高速ギア**
- **過剰な装飾**

〝いらないもの〟を挙げたら精査します。

ママチャリに高速ギアがいらない理由は説明するまでもないので省略しますが、どのような装飾が過剰であり、いらないものなのでしょうか？

従来品は女性ということを意識し、過剰な装飾がなされているパーツがあるように感じました。その一つが、子ども乗せ。子ども乗せに飾りを施したり、多色使いをしたりしている従来品をよく見かけましたが、僕はこれをいらない装飾だと感じました。

また、子どもの足が後輪に巻き込まれないように安全を守る「フットガード」は絶対に必要ですが、自転車のデザインとして見た場合、格好がいいものではありません。そこで既存のママチャリは透明板という目立たない工夫をしたり、女性らしいデザインの穴があいた板にしたりしています。

しかし僕から見ると、これも過剰な装飾でした。目立たないように透明板にした開発者の気持ちもよくわかるのですが、唐突に透明のパーツがついていることによって、〝自転車らしさ〟という商品の本質が損なわれてしまいます。そこでメッシュ状の普通のフットガードでいいはずだとメーカー側と話し合い、透明板や装飾は〝いらない〟となりました。

コンセプトを左右する〝子ども乗せ〟の選択

最後まで議論を重ねたのが、子ども乗せでした。

母と子のための自転車をつくるのであれば、子ども乗せは不可欠です。子どもを何人乗せられる自転車にするかは、議論が最も紛糾し、とても悩んだポイントです。同時に、この判断が「HYDEE．B」の成功を決定づけたとも思います。

このプロジェクトはそもそも、「かっこいいママチャリが欲しい」という声を受けて始まっています。それならば、ものすごくかっこいいママチャリにならなければ意味がありません。

しかし、二人子乗せ（三人乗り）の自転車にしようとすると、ハンドルの位置や形に制約が出るため、従来のママチャリと似たようなものしかできません。ハンドルの位置をかなり低くしてその上に子ども乗せをつけなければならないので、デザイン上もかなりカッコ悪くなります。僕はそこが気になりました。

『VERY』の読者は「二人子ども乗せがいい」と言いますし、ブリヂストン側も、「子ども乗せは二人用でなければ売れない」という意見でした。街で観察すると、子どもを一人しか乗せていない人も多いのですが、これはあくまで都市部の話。地方で観察すれば状況は違うでしょう。

しかし観察を続けると、外国製のおしゃれな自転車にチャイルドシートを強引につけて、〝一人子ども乗せ自転車〟にしている人が案外多いことに気づきました。これは、安全面で問題があるそうです。

調べてみるとママたちには、多少の危険を承知でチャイルドシートをつけて乗る理由があるようでした。

「日本のママチャリはカッコ悪くて乗りたくないから」

「夫婦兼用で使いたいけれど、普通のママチャリだと、夫が乗ってくれないから」

こうした事情も考え、議論を重ねた末に、結論が出ました。子どもを二人乗せられる自転車は、もうすでに世の中にある。中途半端にデザインしても従来品と食い合うだけ。それよりも、子ども乗せは一つだけにして、ものすごくかっこいい自転車にしようと。将来的に、子ども乗せを外して単なる電動アシスト自転車になったときにもかっこいい自転車を実現しようと決めました。

これが絶対的な正解だったかどうかはわかりません。実際今も、「次は子どもを二人乗せられる自転車をつくってください」という声は多いそうです。

[*]ただ、もし二人子ども乗せにしていたら、「HYDEE. B」は生まれなかったと思います。実際、ものすごい台数が売れていることを考えると、「子ども乗せが一つでもかっこいい自転車が欲しい」という潜在的なニーズはたくさんあったと思っています。

子ども乗せの選択は、全部の要素を汲み取ってしまうと、コンセプトも決まらず、中途半端なものしかつくれないという学びともなりました。

見た目と機能性の選択

少し細かな話になりますが、開発するときに必ずつきまとう一つの問題に触れておきます。

ほとんどのものは、見た目と機能を天秤にかけてつくっていかなければなりません。機能とコストを天秤にかけることもあるでしょう。デザインは大切ですが、安全性を無視したものでは商品として失格です。安全は、ブリヂストンが絶対に確保しなければならない最優先事項でした。

そのうえで僕が気になったのは、フレームのトップチューブとダウンチューブです。すべての自転車には、ハンドルとサドルの間を横につなぐ二本のチューブがあります。チューブが一本だと強度が足りないので、一般的には二本必要です。競技用自転車などは、トップチューブと呼ばれる上部のチューブが地面と平行に真横についており、自転車らしくてスタイリッシュですが、女性向けとは言えません。なぜなら、水平のトップチューブは高すぎて、足を高く上げないと自転車にまたがることができない。つまり、〝スカートを履いている日は乗れない自転車〟となってしまうからです。

女性が乗りやすいシティサイクルはトップチューブが斜めになっており、またぎやすくなっています。しかし、たいてい二本のチューブが平行ではなく変な角度にずれてついているため、スタイリッシュとは言えません。平行に二本つけるのが無理ならば、技術的な工夫でチューブを太く補強し、一本だけにすることもできます。現に、太くした一本のチューブに角度をつけて曲げ、女性がまたぎやすくした製品もあるのですが、これまたデザインとしてかっこいいとは言えません。

「HYDEE．B」は最終的にチューブを二本使い、角度も途中までは平行にして、「乗りやすい」「かっこいい」を両立させました。非常に細かな部分なのですが、こういった細かな部分の積み重ねが、ぱっと見た瞬間「かっこいいな」と感じさせるアウトプットへとつながっていくのです。

情報の整理③　優先順位をつける

〝いらないもの〟を精査し、排除したら、〝いるもの〟に優先順位をつけます。

【ママチャリにいるもの】

- **徹底した安全性**
- **電動アシスト**
- **子ども乗せ**
- **かっこいいデザイン**

徹底した安全性は第一に来るものです。電動アシスト、子ども乗せも重要ですが、これらは機能性を追求する部分。

アートディレクターである僕は、かっこいいデザインをさらに精査しなければなりません。つまり、かっこいいデザインの要素として、何が「いるもの」なのか抽出し、それらに優先順位をつけ、最終的なアウトプットに落とし込んでいきました。

三〇代主婦のためのおしゃれなライフスタイル誌『VERY』とのコラボレー

ションですから、読者がかっこいい自転車のデザインとして〝いるもの〟としたアウトプットはたくさんありました。ブリヂストンもたくさんのユーザーの声というアウトプットを持っています。とくに多かったのは「スポーティーなママチャリ」という意見でした。

「スポーティー」の意味を解読する

「スポーティーなママチャリがいい」

これは、非常にわかりやすいアウトプットに思えます。しかしスポーティーなママチャリが何かをよくよく考えると、ひどく曖昧です。先ほど述べた『桃太郎』の桃の話と同じで、スポーティーが何を指すかは人それぞれ違うはずで、そう言っている言葉の背景にある意味を、ちゃんと理解しなければなりません。

男性にとって最もスポーティーな自転車とは、〝競技用自転車〟や〝ロードバイク〟です。しかしほとんどの女性は、それらを「細身でハンドルが独特のかたちをしていて、前傾姿勢で乗る自転車」などと思うだけで、自分が乗るものとして意識すらしていないでしょう。

『VERY』の読者たちにスポーティーな自転車はどんなかたちかを細かく聞くと、「タイヤが太くてハンドルがまっすぐなものです」という意見がたくさん出てきました。そう、マウンテンバイクと呼ばれる自転車を指しているのだとわかりました。

デザイン的に見た場合、マウンテンバイクの特徴は三つあります。

①　太いタイヤ
②　横一文字のハンドル
③　ハンドルとサドルの間を横一文字に走るトップチューブ

仮に読者たちがこの三つを求めているとすれば、全部を反映するのは難しい、となります。

①の「太いタイヤ」は、接地面が増え、摩擦が起きるので、かえって重くなる

というデメリットがあります。でもこれは、電動機つき自転車なのでクリアできる問題です。

②の「横一文字のハンドル」だと前傾姿勢になってしまい、子どもを乗せた女性が運転するには安全性で問題があります。しかし多くの女性は、横一文字のハンドルだと前傾姿勢になってしまう、ということをちゃんと理解していませんでした。

③について言うと、マウンテンバイクは高い位置にトップチューブがついているので、前述した「スカートでも乗れるかどうか」という問題が絡んできます。

②と③の特徴がなくなっては、もはやマウンテンバイクらしいデザインではなくなります。ちょっとタイヤが太い自転車になってしまいます。これでは読者が求めるスポーティーさを実現できなくなるでしょう。

オルタナティブな着地点を見つける

あっちを取るかこっちを取るかで迷ったとき、第三の選択が見つかりました。

サーファーが乗っているビーチクルーザーという自転車です。茅ヶ崎出身の僕はよく目にしていましたが、街では珍しいかもしれません。

ハンドルは一文字ではないけれど、アメリカンタイプのオートバイのような形状の、大きく弧を描くワイドハンドル。乗車姿勢が垂直に近くなり、長時間走行しても疲れにくいものです。マウンテンバイクみたいに横一文字のトップチューブはないけれど、スポーティーさはあります。

「いいな」と思って資料を見ていたら、偶然ビーチクルーザーに乗っているアンジェリーナ・ジョリーの写真がありました。しかも本来ないはずの子どもも乗せを、自分で取り付けたものだったのです。

「ハンドルを一文字にすると前傾になるから、安全に走行できない」といくら説明しても、『VERY』の読者やママチャリユーザーは、「そういうのはよくわからないけど、一文字がいい」と言い続け、なかなか説得できませんでした。ところがアンジェリーナ・ジョリーの写真を見せたとたん、「あ、これならいいかもしれない」となりました。

この頃になるともう、僕はこのプロダクトのデザインコンセプトを考えていました。それはビーチクルーザーにヒントを得た〝シティクルーザー〟でした。かわいらしさが必要だと言っても、ファンシーである必要はない。それなら、少しだけレトロな、ヨーロッパの匂いのするシティクルーザーはどうだろう。ロゴやディテールを絞り込んでいく際には、自転車はヨーロッパっぽいか、アメリカっぽいかという『〜っぽい分類』もしました。

こうして「HYDEE．B」は誕生し、年間売上げ目標三〇〇〇台のところ、二カ月で五〇〇〇台の販売数を記録。パパもママも乗れる〝ハンサムバイク〟という新しいママチャリが完成したのです。ありそうでなかったアウトプットの一例です。

※HYDEE．Bのサイト　http://www.hydee-b.jp/

＊その後、子どもを二人乗せられる三人乗り自転車「HYDEE．II」も開発、二〇一四年二月に発売されました。

多様なアウトプットのための舞台づくり

会社や商品のアウトプットには、ブランドが確立されているものと、ブランドのビルドアップが曖昧なためブランド自体が揺らいでいるものがあります。たとえば、もともとスポーツ用品を扱っていた会社が大きくなり、おしゃれな服もつくるようになったとします。会社のパンフレットを見ると、「元気！」「生き生き」というスポーツ用品メーカーらしい言葉がちりばめられているのに、商品を見るとピンクの花柄ばかりで「元気！」とはほど遠いことがあります。ピンクの花柄が売れ筋だからと、もともとのその会社っぽさを無視しているのです。

当初のブランディングでつくった言葉だけが一人歩きしていないか？　商品だけが一人歩きしていないか？

このチェックが常に行われていないと、会社のブランドも商品の売上げも低迷します。しかし、この状態の会社は驚くほど多いのです。売れるものにはその年だけの流行もあり、時代の雰囲気の産物もあります。これらを僕はブームと呼ぶのですが、売上げだけを重要視してブームを追っていくと、本質を忘れて結局〝売れないスパイラル〟にはまり込んでしまいます。

こうなるのも当たり前だと思うのは、とくに大企業です。長くて五年、短ければ二年で担当者が替わります。すると各自が「自分が担当している年の売上げ」だけを重視し、長期的な視点を持てないために、「そもそもこのブランドはどうして生まれたか?」「どういう人たちに買ってほしいか?」という問いかけが欠落していくのです。

僕の仕事は、その部分にしっかりとメスを入れてあげること。会社としてのアウトプットと商品のアウトプットを、それぞれ本質を突くものにすること。つまり、〝いい会社〟と〝売れる〟を両立させることなのです。

会社とブランドのアウトプットを整理する

中川政七商店は、長いおつき合いのクライアントです。すでに述べたとおり奈良に三〇〇年ある麻の老舗ですが、時代の流れとともにお茶道具を扱う第一事業部と、和の小物を扱うブランドを擁する第二事業部という事業形態に変化しました。第二事業部には前項で述べた「遊　中川」と「粋更ｋｉｓａｒａ」というブランドがあり、自分たちのオリジナル商品や卸の商品を売るショップ運営をしています。この状態は悪くはありませんが、もっと魅力的なアウトプットができるはずです。そこで僕は社長の中川淳さんと、中川政七商店を見つめ直すことにしたのです。

まずは、「そもそもどんなブランドなのか?」「そもそもどんな企業なのか?」を振り返ります。商品も「なぜ、これをつくったのか?」という問いかけをします。アウトプットの本質である〝思い〟を抽出する作業です。

原点に戻って考えることは重要です。そもそもどういう会社だったのかは、アウトプットににじみ出ます。たとえば、同じスポーツカーでも、ランボルギーニはもともとトラクターのメーカーです。フェラーリは最初からレーシングチームとして創業し、レーシングカーのノウハウを取り入れた市販車販売によってレース参戦資金をつくりました。この背景は、意識しようと無意識であろうと、アウトプットとして商品にも出てきます。いずれにせよ影響するなら、意識的にやったほうがぶれもないでしょう。

もちろん、原点を重要視するあまり変化を嫌うのは馬鹿げていますが、原点を忘れて形骸化した言葉だけが残る状態は避けたいものです。

中川政七商店の原点は「奈良晒という手紡ぎ手織りの布を扱う老舗」であり、中川政七商店という名前からして伝統を表しています。ところが僕がコンサルティングを始めた二〇〇七年の時点では、その社名はほとんど世間に知られていませんでした。かわりに知られていたのが、ショップ展開する「遊 中川」という名前。中川政七商店というのは一つのメーカーであり、親会社という位置づけで、商品やパンフレットをよく見れば入っている程度でした。

しかし、三〇〇年続く「奈良晒の老舗」という原点を知ると、普通だったら「読み方がわかりにくいし、表に出すのはやめよう」と提案しかねない「中川政七」という名前が、別のものに見えてきました。

せっかく伝統があるのだから、もっと表に打ち出していったほうがいい。それには中川政七という名前はぴったりではないでしょうか。和の雑貨を買うにしても、「伝統を持つ老舗」という信頼感を根拠に買ってくれるという意図もありました。

「まずは、会社のロゴをつくりましょう。そのロゴは、なるべく伝統を感じさせる古めかしいものにしましょう。そうやって、せっかくの伝統を感じさせる社名をもっと打ち出していくべきです。社名と同じ名前のブランドもつくるべきです」

僕はこう提案しました。さらに、こんなお話もしました。

和の暮らしや、その中にある暮らしの知恵というのは、これからますます注目され、評価されていくと思う。和の「雑貨小物」を扱うだけでなく、そういった「暮らしの提案」自体もしていけるブランドをつくったほうがいいのではないか……。

かなり思い切った提案ですが、中川さんは快諾してくれました。そこで、それまでなかった中川政七商店のロゴやシンボルマークもつくることになりました。

そして、「暮らしの道具」を扱う「中川政七商店」という新ブランドを立ち上げることになったのです。

シズルを活かす〝舞台づくり〟

僕はもともとの性格なのか、「水野くんは舞台をつくるね」とよく言われます。飲み会でもみんながいる前で、「この間話してくれたあの話さあ、ちょっと話してみてよ」と友人をうながし、発言の場をつくるような癖があります。

この癖でずいぶん仕事ができているな、と感じます。個々のデザインは大事だし、商品一つ一つがどんなパフォーマンスをするかは重要です。しかし、その商品が踊り、演技をする舞台自体がしっかりしていないと、観客を魅了することはできません。

企業ブランド、カテゴリーブランドこそ、商品を輝かせる舞台であり、ミスマッチは避けたいもの。一五〇〇年続くヨーロッパの古城で、火を噴く芸をする男と赤白の玉に乗るゾウを見たい人はいません。しかし、そのギャップを逆手にとっておもしろくなる場合もあります。それには、装置、背景、セットを工夫し、古城をそれらしい舞台にする工夫がいるでしょう。

原点に戻るという工夫をした結果、中川政七商店は舞台ができたのかなと思っています。ショップ経営だけでなく卸メーカーでもありますから、取引業者さんたちに「『遊　中川』も『粋更kisara』も『中川政七商店』もあるけど、やっぱり中川さんのところは伝統という後ろだてがあるな」と一目置いてもらえたらいいと思うのです。さらに、信頼性がシズルに加われば、銀行とのつき合いも良好になります。

アートディレクターがクライアントの資金繰りまで考えるなど、おかしなことでしょうか？　そんなことはありません。多くの企業がいつ銀行に切られてもおかしくない時代、とくに中小企業であればそこまで考えないと、本質的なアウトプットなどできないと思っています。

トーン＆マナーとシズルを両立させる――台湾セブン-イレブン

「舞台と踊り子」の例を、もう一つ紹介しましょう。

統一超商という台湾の会社から、アートディレクションの依頼がありました。同社がライセンシーとして展開する台湾セブン-イレブンのプライベートブランド（PB）「セブン-セレクト」をリニューアルしたいというのです。

この場合、セブン-イレブンという舞台は完璧にできています。僕の役目は舞台に合った一番いい踊り子をつくること。しかし、そのとき僕は逆のことを言いました。

「セブン-イレブンというブランド自体もよく見えるような、プライベートブランドをつくりたい」

舞台が立派なら、普通はそんなことは考えないでしょう。ましてや地味とされるPBです。しかしセブン-イレブンという舞台を、一歩進んで劇団だと考えたらどうでしょう？

劇団四季だろうと文学座だろうとボリショイ・バレエ団だろうと、どんな大きな劇団もスタートは小劇団です。そこにスターが誕生して大きくなる。ときにはスターが一人歩きし、「えっ、あの役者さん、おたくの劇団なんですか？」と言われることもあるでしょう。「あいつがいるから、うちは食っていけてるんですけどねえ」と団長に言ってもらえるスター。台湾セブン‐イレブン劇団という大舞台、しかもPBという縛りがある中で、そんなアウトプットができたら楽しいと感じました。

台湾という海外のアウトプット

統一超商は台湾最大の流通グループ。ライセンシーを手がけているのはセブン‐イレブン以外にも、ミスタードーナツ、スターバックス、クロネコヤマト、無印良品などたくさんあります。「台湾で入社したい企業ランキング」があれば、トップをとるような企業です。

僕のところに直接依頼が来たのは、会社の人たちが日本国内の雑誌などの紹介記事を見てくださったため。以前、台湾で講演をし、台湾の雑誌にインタビュー記事が掲載されたこともご存じでした。記事や講演を通して、「水野学はデザイナーではなくて、ブランドをつくる人間だ」と考えていただいたようです。台湾は小さな地域で、統一超商のようなライセンシービジネスが少なくありません。日本の輸入品も多く、名前などもそのまま売られています。ヨーロッパに行くと「ポッキー」は「Ｍｉｋａｄｏ」だったりしますが、台湾では「ポッキー」のまま。日本の商品が、品質表示だけ中国語に変えられて並んでいます。雑誌も日本語のもの、日本と同じ時期に字幕つきで同じドラマが放映されることもあるようです。歴史的な背景や中国との複雑な関係もあり、日本びいきと言っていいでしょう。

最初はさらりと「ＰＢ商品の新デザインと、リブランディングをお願いしたい」という話でしたが、社長とお会いしたり、役員の方々と意見交換をしたりしていく間に、アウトプットの本質にある〝思い〟が見えてきました。

輸入品が好きな台湾の中でライセンシービジネスをやっている企業ではあるけれど、統一超商には、「やっぱりそれじゃあダメなんじゃないか」と台湾の利益を考える〝思い〟がありました。その意味でセブン-イレブンのPB商品開発とは、台湾の商品を増やすことにもつながります。どこの国でも、ナショナルブランド（NB）商品が強いものなのに、台湾は違う。社長はこんな話をしてくれました。

——台湾は、日本のように次々と新商品を出すこともないし、クオリティも低い。みんな日本の商品が好きで、台湾の商品をあまり信頼していない状況がある。しかしセブン-セレクトが、いいデザインかつ中身のいい商品をどんどん開発していけば、台湾が変わる。セブン-セレクトで、台湾全体の製造業のレベルを上げられるのではないか。

この理想、この〝思い〟こそ、アウトプットの本質だと僕は感じました。さらに言うと、日本企業が中国に進出する際は、台湾もしくは香港を経由するケースがほとんどです。中国独自のビジネスの仕組みが外国企業の進出のネックとなるためです。

中国と台湾の〝国〟の定義についてここでは触れませんが、台湾は自分たちの地域だけでなく、他国の仲介役としても、中国のマーケットに進出しなければならない〝小さな地域のアウトプット・イノベーション〟を模索しています。その突破口をデザインでつくろうという統一超商のアウトプット・イノベーションは、日本にとっても勉強になるはずです。僕にとっては、台湾に、自分のアートディレクションをアウトプットする挑戦でもあります。

PBが持つトーン&マナー

日本でも、多くの企業がこぞってPB商品をつくっています。セブン-イレブン・ジャパン、イオン、ローソン。ところが日本と台湾では、PBの立ち位置が若干違います。

日本人がPB商品を買う理由は、低価格だからというのが多いと思いますが、台湾セブン‐イレブンはいささか事情が異なります。

台湾にはコンビニがとても多く、それゆえ生活に密着しています。中でもセブン‐イレブンは評価が高いコンビニです。店内にＷｉ‐Ｆｉをとばし、大型店には買ったものを飲食できるスペースもある。店内で挽《ひ》き立てのおいしいコーヒーが飲めるブランドも展開され、若者の間では「セブン‐イレブンで待ち合わせ」というのが当たり前だそうです。

こうした努力を続ける一方で、台湾セブン‐イレブンは、ＰＢブランドが店内の売り場の「一番良い場所」を確保するという戦略をとっています。日本だと、隅っこにある一つの棚にほぼすべてのＰＢが集約されている店もありますが、台湾は違います。

ペットボトル類であれば、ペットボトルの棚の一番良い場所にＰＢ商品を、スナック類であれば、目線が行きやすく目立つ棚上部の一角をＰＢ商品が占領しています。

これは台湾セブン‐イレブンの戦略であると同時に、ＮＢよりセブン‐イレブンというブランド力が強いからだと思います。

トーン&マナーとシズルを両立させる

クライアントは、「旧デザインはPBだからといって、すべて同じすぎていやだ。バリエーションが欲しい」と言ってきました。

旧デザインは共通の大きなロゴタグを使い、商品すべてを緑色で統一していたので、どんな商品も同じに見えてしまっていたのです。

もちろん、統一することがPBの本質ではありません。それぞれの商品のシズルを出すのは大事です。とはいえ、ある程度の統一感は出して、ブランド全体の見え方を良くし、「セブン-セレクトの商品なら安心だ」と消費者に思ってもらえるようにしなければなりません。その努力は、最終的にはセブン-イレブンブランドをより良いものに構築してくれるはずだと、僕は考えました。つまり、統一感とシズルはどちらも大切で、両立させなければなりません。

しかし、統一感を出そうとすると、シズルはどうしても後ろに下がりがちです。

たとえば、「このシリーズは青でやろう」とすると、青が似合わないハムのような商品が絶対に出てきます。それなのに統一感を優先して青いパッケージで売れば、売れるはずもありません。

商品を売るという目的を忘れない。こう言うと単純ですが、人は目の前のことにてんやわんやになります。「デザインしてほしい」となると、デザインだけを考え、「PBをつくろう」となるとPBの統一性にとらわれてしまうのです。だからこそ、本質を忘れないよう自分に念押しすることは、いくらしても足りないくらい大切なことです。

「トーンを統一したうえで、なおかつシズルを出す方法はあり得ないのか？」こう考えたときに、二コマ漫画にしようと思いつきました。ポスターや雑誌広告をつくるときにも、よく用いる方法です。

上にビジュアルキャッチを置き、下で説明する。逆に上では何か少し物語性があるものを見せて、下には一言で覚えてもらえるコピーをバッと出す。二コマ漫画とも言えるし、雑誌でいうと、写真があってキャプションがあるという考え方とも言えるでしょう。

「PBで二コマ漫画ができないかなあ」と思ったときに、「白場《しろば》」という白いスペースを設けるアイデアが出てきました。白場にロゴや商品名を入れ、下にビジュアルというパターンです。文字を読む場所をしっかりつくってあげれば、仮に商品名が多少小さくても買う人はきちんと見るでしょう。左に白場で右にビジュアル、上にビジュアルで下に説明というバリエーションも考えられます。

白場であれば、青や赤やストライプのように、商品のシズルと合わないという弊害を避けることができます。白場はまた一歩引いた〝舞台〟の感じになるので、アイスやシューマイやポテトチップスのシズルを邪魔することはありません。

全体でぐちゃぐちゃにシズルを出すのではなくて、シズルはビジュアルに担当させ、商品名やトーン&マナーは白場で押さえる。この二つを徹底しました。

常識を破るときに独走してはいけない

僕が考えた両立のさせ方は、いわばPBの常識破りのアイデアでした。セブンーセレクトの旧デザインは、決してスタイリッシュではないもののPBの王道デザインではあり、統一超商の理解を得るのは大変でした。国が違うのでソーシャル・コンセンサスも違います。

「ロゴがこんなに小さくしか入らないのに、ただ白いというだけで本当に統一感を出せるんですか？　じゃあ、この商品だったらどういうデザインになるんですか？」という質問を何度もされ、「ペットボトルもポテトチップスも写真が下に来ているが、似た印象になりませんか？」と繰り返し聞かれました。

白場によって統一感もバリエーションも出せる、という証明は、お店にさまざまな商品が並んだ画像を合成でつくり、実際に目で見ることでわかってもらいました。

ポテトチップスは、商品競争力を考え目線が行く位置に商品名を入れているとと説明し、他社製品とともに商品棚に並んだ合成画像をつくって、消費者の目線の動きを体感してもらいました。ペットボトル飲料の商品名が上のほうについているのは、買った人が手で持って飲むときも名前が隠れない位置を考えているからだと、実際に飲む人の写真を撮って説明もしました。

三〇〇案ぐらい微修正を繰り返し、何か言われてまたもとに戻り、それでも折れずに、何度も何度も丁寧に説明してゴールまでたどり着きました。「骨が折れるとは、このことか」という感じでしたが、これは、どんなに強く確信していても「直感的にそう思います」という意見はあり得ないという原則に従ったままのこと。とくに常識破りのことをするときには、理屈できちっと説明していかなければなりません。

ビジュアルとシズルの関係

もう一つ、写真について台湾セブン-イレブン側の理解を得るのも、長い道程でした。

シズルがあるビジュアルをつくるには、写真撮影が大切です。これはもはや日本では常識ですが、台湾の本部の方たちはなかなか理解してくれませんでした。旧デザインのパッケージにも写真は入っていますが、冷凍食品のパッケージ一つとっても、まずい中国料理店のメニューにある変色した写真のようなクオリティだったり、説明のような〝ブツ撮り写真〟だったり。

「新たに撮りたい、撮影は日本でやりたい」と何度も交渉しましたが、予算の都合で無理だとどうしても許可が下りず、最初はストックフォトを何千枚と探して使いました。

ところが冷凍食品のデザインをすることになったとき、日本にはない食べ物があったので、ようやく「撮るしかない」となりました。最初は台湾で撮ると言われましたが、それではだめだと何度も粘り強く交渉したところ、「今回だけは日本で撮る。でも、一回きりの特例だ」という条件でＯＫが出ました。

そこで、食べ物の撮影が得意な日本のカメラマンにお願いし、フードコーディネーターにも入っていただいて、シズル溢れる写真を撮影。実際に見てもらうと、理解してくれなかった台湾の方たちも、「なるほど、すごくおいしそうになった」とわかってくれます。その後、改めて交渉したところ、ようやく今後も日本で撮影するということになったのです。

どのサイズで写真を配置するかも重要です。写真を大きく使いすぎると、逆になんだかわからなくなります。また、たとえばポテトチップスだと、ポテトチップスを大きくするのか、ステーキ味というフレーバーのほうを大きくするのかを考えなければなりません。

「ポテトチップスのシズルはアルミのパックで出ているから、何味の、どんなベネフィットをもたらしてくれるかというシズルを提案したほうがいい」と判断し、ステーキ味だったらステーキを、ぱっと振った黒胡椒の味が感じられるほど鮮やかに配置しました。

ポテトチップスは前の商品と中身はまったく変わっていないのに、リニューアル後の売上げは二八四％に増えました。冷凍食品も、リニューアルから数カ月経ってもなお、売上げ二〇〇％増の状態が続いてます。これはシズルの勝利だと思います。

統一超商の仕事でもう一つ意識したのは、真面目さと信頼感というシズルです。

異国のブランドを持ってきて自国で商売をしている会社ですから、自国を愛する思いが強い方からは反感を持たれかねない面もあります。「おまえたちがそうやって外国からいろんなものを持ってきちゃうから、うちが育たないんだ」という声もあるでしょう。それなら、真面目にものを売っていく姿勢を感じさせることも考えたほうがいいという話もしました。

リニューアルのあと台湾のSNSで、「新しいパッケージ、かっこいいね」という若者の声がずいぶんあったと聞きました。売上げもアップし、台湾のセブン‐セレクトのチームは社長賞を受賞、その年社内で一番優秀なチームに選ばれました。

プロジェクトが始まってから、一年。社外デザイナーとのつき合いは「数案デザインを出してもらい、その中から選ぶだけ」だった台湾本部の方にとって、ブランド全体にまで言及する僕のやり方は、戸惑うばかりだったはずです。しかし最近では、新商品開発や別ブランドの話など、踏み込んだ部分まで相談していただけるようになりました。

セブン-セレクトという人気役者を獲得しつつある今、次は台湾セブン-イレブンという舞台をどう発展させていこうかと、楽しい議論に熱がこもる日々です。

対談 生物学者 福岡伸一氏×水野学

福岡伸一（ふくおか・しんいち）
生物学者。一九五九年東京生まれ。京都大学卒。米国ハーバード大学研究員、京都大学助教授などを経て青山学院大学教授・米国ロックフェラー大学客員教授。二〇〇七年、『生物と無生物のあいだ』（講談社現代新書）で、サントリー学芸賞および中央公論新書大賞を受賞。著書に『動的平衡』『フェルメール　光の王国』『芸術と科学のあいだ』（以上、木楽舎）、『世界は分けてもわからない』（講談社現代新書）、『変わらないために変わり続ける』（文藝春秋）、『生命の逆襲』（朝日新聞出版）などがある。

アウトプットは、
絶え間なくインプットへと続く

デザインを「つくる」とは、どんな仕事なのか?

水野 福岡さんとはあるラジオ局の番組審議委員会で同じメンバーなのですが、ぜひ一度ゆっくりお話を伺いたいと思っていました。今日はお忙しい中、ありがとうございます。

福岡 私もぜひ水野さんとお話ししてみたいと思っていたんです。私はデザインのデの字もわかっていないので。今回の本のテーマは「アウトプット」なんですね。

—— はい。この本でアウトプットとは、最終表現と定義しています。さまざまな形態の最終的なデザイン、かたちという意味でのアウトプットが非常に重要だと水野さんは説いています。

水野 重要だと言わざるを得ないんですよね(笑)、仕事上。僕は普段、理論より感覚でものをつくることも多々あるのですが、本を書くとなると、ある程度論理的に考えなきゃいけなくて。僕はデザイナーとして、どうして人は「いい」と思うものをこんなにも追求するんだろうという疑問があるんです。美しくなくても「いい」と思うものもあるわけで、その根本にあるのは生物としての興味なのかとか、考えてしまうんです。でも、僕が考えるより福岡さんに聞くのが早いなと思って（笑）。僕が知っている人の中で、「美」と「生物」の両方にブリッジが架かっている人って福岡さんなんです。

福岡　ありがとうございます。水野さんの作品って、たとえば「iD」がありますね。今日もタクシーに乗って「リンドン」とやってきましたけど。

水野　あっ、ありがとうございます（笑）。

福岡　「iD」は水野さんがつくったと言うとき、〝水野さんがつくった〟というのは、何をつくったのかというのが、私にはイマイチよくわからないんです。あのシステムをつくったわけじゃないですよね。でも、あのリンドンという信号音をつくってるのかもしれないし。デザインを〝つくる〟ってどういう仕事なのか、まず教えてもらいたいなと。

水野　「iD」の仕事でいうと、当時NTTドコモにいらした夏野剛さんにお声がけいただいて。クレジットカードが携帯の中に入るということは決まっていたんです。要するに、ピッとやれば使える電子マネーで、クレジットカードと同じくデポジットやチャージがいらない機能がついた携帯をつくろうということですね。ただ、ディテールに関しては何も決まっていなかったんです。なので僕が手がけたのは「iD」という名前やロゴ、カラーに金色を用いることや色のトーンの調整といったデザインですね。それに加えてピッとタッチしたときの「リンドン」という音色などについても相談されました。

福岡　あれ、いいですよね（笑）。

水野　実はあの音に関しては、九割方夏野さんが決めていたんですが、「この音、どう思う？」とか、「この人に頼もうと思うんだけど、どう思う？」とい

福岡　うのを僕に相談してくださって。カードリーダーのデザインや技術的な面は、プロダクトデザイナーの山中俊治さんが担当していらっしゃいます。新聞広告やCM、いわゆる広告デザイナーがやるような部分は、立ち上がりの時期は全部僕がやりました。

水野　なるほど。「:iD」が使える場所の目印は、ダ・ヴィンチの「ウィトルウィウス的人体図」がモチーフですよね。あれも水野さんが？

福岡　僕が提案しました。

水野　本物を見たことはありますか？

福岡　本物はないですね。

水野　本物はどこにあるかご存じですか？

福岡　知らないです。どこにあるんですか？

水野　本物はヴェネツィアにあるんです。ヴェネツィアのアカデミア美術館というところに秘蔵されているんです。

福岡　見られないんですか。

福岡　ええ。学生の頃かな、あれを見たくてはるばるヴェネツィアに行って、アカデミア美術館を「あれはどこだ、どこにあるんだ」ってぐるぐる探したんだけど、どこにもない。そしたら一般公開されてないっていうんで、ガクッときました（笑）。

水野　それは保存のために、公開されてないということなんですよね？

福岡　たぶん出し惜しみしてるんです（笑）。でも、あれをモチーフにするというのも、水野さんのお考えなんですね。

水野　そうです。あれはいろんな意味があるんですけど。ナンバーポータビリティが導入される前だったので、ドコモ以外にも、ソフトバンクとか、ａｕとか、いろんな会社が携帯電話の電子マネー事業に参入してくる可能性もあるかと。ユーザーにとって、キャリアの選択肢が増えた場合、じゃあどうやって選ぶんだろうと考えたときに、まず信頼感を与えたかったんです。ａｕは学生にターゲットを絞っているので、「明るく、楽しく」なんですけど、ドコモの場合は「信頼感」。それなら昔からずっとあったものを何か持ってきたらどうかと考えて、ダ・ヴィンチの作品を思いついたんです。もう一つ、「.iD」というのは携帯電話が今後もっと人に近くなるであろうという意味もあるんですね。なので人のイラストや絵、もっというと「人物の絵と発明感と言えばダ・ヴィンチだなあ」というところにたどり着いたんです。

福岡　なるほどね。何か、昆虫採集みたいですね、それって。

水野　えっ？　どういうことですか。

福岡　何かをするために、いろんなものを探してくるというのが、虫採りに似てるなあと思って。「.iD」なんか何気なく見てますが、あれが金色だというのはけっこう意外じゃないですか。というか、なかなか金色にできないですよね。でも金色だから、タクシーとかについていても目立つし、「リンドン」というあの音が、いかにもお金を取られてるみたいで（笑）、わかりやすいじゃない。

水野　取られすぎてない音になってはいるんですけど（笑）。

福岡 ええ（笑）。あれ、チャリラリランだったら、取られすぎてると思うけど、一応リンドンだから、定額だけ取られてるなと。交通系ICカードとかだったら、ピッと鳴るだけだから、何か間違った？　みたいな気になることがあります。

水野 そうなんですよね。

福岡 だから、そのへんもなかなかうまくできてるなってわかるんですが。普通の人は一つ一つに、そんなに仕事がしてあるということはあまりわからないですから。デザインの仕事というのは普通の人には見えにくいところもあるんだなあと思ってたんですけどね。

水野 ちょっと補足すると、「仕事がしてある、してない」というのが福岡さんの口癖なんですよね（笑）。

福岡 それしか言ってない（笑）。水野さんとご一緒しているラジオ局の番組審議委員会でのメンバーでも重鎮的な方々が居並ぶ中で、水野さんは若僧的ポジションを取って自由を獲得しているんですよね。私も新参者ですが、水野さんにいいポジションを取られてしまったので、何か蘊蓄《うんちく》を言わなきゃいけないような係になっちゃったんです。で、考えたのが、これも言葉のデザインみたいなものかもしれないんですけど、「仕事がしてある、してない」なんですよ。もともと「仕事がしてある、してない」というのは、お寿司屋さん用語だと思うんです。新鮮なネタを握って出せばいいみたいなお寿司屋さんももちろんありますが、江戸前のお寿司は違いますよね。コハダのお酢の締め方がちょっと締めすぎだとか、締めなさすぎだとか、づけマグロのたれが甘いとか辛いとか。客がいろいろ知ったかぶりして言うのが「仕事がしてある、してない」というもので。ラジオの番組も、するっと通り抜けちゃうんですけれども、意外と仕事がしてあるか、してないかというところが大事なポイントである、みたいなことをいつも言うことにしているんです。そういうふうにして、場を和ませているわけです（笑）。水野さんの「ｉＤ」なんかは、本当に仕事がしてあるなって思いますよ。

水野　ありがとうございます。精進します（笑）。

自然そのものがデザイナーである

水野　先ほども申し上げたんですけど、僕がなんと言っても福岡さんとお話ししたい理由のナンバーワンは、生物学、科学の学者の方々は、なぜこんなにも美しいものが好きなのかが知りたいということ。先ほどもダ・ヴィンチの話をなさっていましたけど……。

福岡　うーん、必ずしもそうじゃないと思うのですけどね。非常に単純なことで、やっぱり子どもの頃の刷り込みというのがすごく大きいと思う。三歳とか、四歳とか、だいたい物心ついて、最初に触れるもの。センス・オブ・ワンダーと言っていますが、何に心を惹かれるかというので、だいたいその人の人生って決まっちゃうと思うんですよね。そこに優劣はないし、良し悪しもなくて。人は最初、何かおもしろいもの、変わった形、あるいは色、そういうものに惹かれてしまうと思うんです。そんじょそこらのものじゃなくて、自分では決してつくれない形、自分では決して思いつかないような色、そういうものに出会うとびっくりしてしまうというのかな。私にとってはそれが昆虫や蝶なんですね。おもしろい形とかきれいな色、デザインとしての色合わせというか。もう本当になんていうかな、イタリアのデザイナーでも思いつかないような色の取り合わせの虫とかいるわけですよ。

水野　ああ、いますよねえ。

福岡　実際にそんな服を着てたら、普通は「アメ横で買ってきたのか」みたいに思われちゃう色やデザインなんだけど、虫がまとっていると、この世のものとも思えないぐらい素晴らしいのです。そこに吸い込まれてしまって、そこから逃れられなくなって。何かそういうことと近しいところで、生命のことを考えることが職業になればいいなあと思ったんですね。もちろんそんな単純なことではない部分もあるんですけど、生物に親しむというか、生物のデザインみたいなものを研究したり調べたりするうちに、私は研究者になったのです。でも、そうじゃない研究者もたくさんいるんですよ。勉強ができたから医学部に行って、研究することになって、いつかはノーベル賞を取りたいとかね。必ずしも同じようなメンタリティとか、同じようなキャラクターの人が研究者としているわけではないんです。たぶん、デザインの世界もそうだと思いますが、やっぱりモザイク状にいろんな人がいて、その中では合わない人もいるし、この人は私と同じようなものを大切に思ってるんだなと感じる人もいるし、そこはいろいろなんですよね。でも、生物学の分野は、いわゆる形とか色とか、そういったものの何がかっこいい、何が美しいということのセンスというものが意外と問われるというか。

水野 ええっ？

福岡 それは自然自体がデザイナーなので、そのデザインがわかるかどうかという話なんです。たとえば、これは「トポロジー的なセンス」というふうに私は呼んでいるんですが、トポロジーというのは難しい言葉でいうと位相幾何学といいます。簡単にいうと、立体的にものが見えるかということなんです。平面で見ているのだけれど、立体的にものが見えるか。マンションのフロアプランなんかを見ても、実際に部屋の様子や天井高がわかるとか。たとえば顕微鏡で細胞を見るというときに、実際に見るのはものすごく薄い細胞の切片。輪切りにした、ほんの一枚なわけです。

水野　ピントを変えると、ほかのものが見えてきますもんね。

福岡　そうそう。そのために細胞をそぎ切りにして、ごく薄い一枚のスライスにして見てるわけですね。だから、細胞の全体像を見るためにはその細胞のスライスが何枚も何枚も必要なのです。キウイを縦に切るのと、横に切るのとでは断面の模様が全然違うじゃないですか。そういう感じです。それを一枚一枚見ながら、頭の中で再構成して。

水野　キュビズム（笑）。

福岡　そう、キュビズム（笑）。うまいですね、「キウイイズム」ね。「キウイイズム」で再構成して、ああ、種が格好よく花火みたいに並んで、全部で一五六個ありました、みたいなのが頭の中で描けるセンスが、実は生物学者に最も必要なセンスなんです。

水野 それって、造形技術というか造形表現に長けてないとできないことですよね。

福岡 ええ。でも、そういうセンスがまったくない人もたくさんいるんですよ。そんなの関係ないって考えですよね。細胞をぐにゅぐにゅにすり潰しちゃって、そこからダイヤモンドを精錬するみたいにある物質を取り出したら、あとは捨ててもいい、みたいな考え方でも生物学はできるんです。いろんな人がいるんですけれども、私はやはり生物というのはデザインとして、形としてあると思うんです。そのイメージを常に持っていないと、生命とは何かはなかなか理解できないと思っています。

自然界のデザインは「発生してきたもの」

水野　すっごいおもしろい。本の中でも、キリンの首が長いのは、という話をされているじゃないですか。

福岡　首と葉っぱとどっちが先か、みたいなね。

水野　福岡さんは明快に、遺伝子が操作されているわけじゃないとおっしゃっていましたね。要するに葉っぱが高いところにあるから首が伸びたんじゃなくて、キリンが最初から首の長い生き物だったから、高いところの葉っぱを食べられただけだというふうに。首が長いといった機能があったからこそ生き残れたという意味では、生命を維持するための装置としてのデザインということだったんですね。

福岡　そうですね。

水野　この先の未来もずっと考えていくと、あとになればなるほど、美しいものと言っていいかどうかわからないんですけれども、いいもの、いいデザインが残っていくということなんですかね？

福岡　それは間違いないと思いますが、そこで、われわれ人間が非常に陥りやすいある種の幻想が出現すると思うんですよね。それは何かというと、自然のデザインって非常に精妙にできているんですよね。ぱっと見ると、非常に合理的に設計されている。だからついつい、その機能はある目的のために最適化されているというふうに見えるわけです。あたかもその機能を実現するために、あるデザイナーが最適解を求めたというふうな、設計的な思想でものを見るようになるわけです。

確かに生物は、ずっとそう解釈されてきたんだけれど、実はそういうふうにはつくられていないのです。ある目的のために機能が準備されていたんじゃなくて、まずはいろんな機能が手当たり次第、ごちゃごちゃつくり出されたんですよね。急場しのぎのその時々で機能を組み合わせて使ってみて、たまたま便利だったものが生き残って、現在に至った。その時間がとてつもなく長いために、試行錯誤の期間に失われてしまったものがあまりにも多いのです。結果だけ見ると、非常に合理的に、合目的的にデザインされていたように見えますが、それは今の時点から過去を振り返って、点と点をつないでいるからそう見えるだけです。生物とは決して、ある目的のために機能が最適化されて進化してきたわけではありません。だから、自然界のデザインは設計されたものじゃなくて、発生してきたものだというふうに捉えないとその特性を見失ってしまうんです。

だけどついつい「最初から設計されているものだ」というふうに、鳥瞰《ちょうかん》的な視点から捉えたいという人間の思いがあるわけです。それは仕方がないことなのですが、その視点に固執しすぎると、つまらないことになります。生命が持っているある種の動的なものとか、柔らかさとか、可変性とか、非常に危ういバランスの上に立っているものだといった捉え方が見失われて、機械やプログラムの設計みたいに「最適、効率化、合理性」みたいなものでデザインを考えすぎてしまいます。それは、真実を見ない見方になってしまうんじゃないかと思うんですよね。

水野　曖昧なものであるという部分を、常に残しておかないとダメだと。

福岡　そう。曖昧なもの、両義的なもの。資本主義社会のデザインの中に存在し得るかどうか私はわかりませんけれども、曖昧なもの、一見して意図がわからないもの、どっちとも取れるようなもの、宙づりになっているようなもの、そういったものが実は生命の豊かさの根源ですよね。

水野 ああ。それはつまりホモ・ルーデンス的なという。

福岡 まあ、そうですよね。「遊び」の部分というか、自動車のステアリングの遊びというのと同じ意味の「遊び」というのが、実は生命のあらゆる部分にあって。それが生命を生命たらしめているのです。

「遊び」があるから美しい

水野 それは生命においては、みな一様にそういうものだと思ったほうがいいですか。それとも、福岡さんの本の中にも書いてあるんですけど、人間が一番遊ぶ生物、遊びがある生き物ということでしょうか。

福岡 そうですね。人間は一番遊ぶ生物なんですけれども、すべての生物は曖昧

さというか、揺らぎというか、余白を持っているがゆえに美しいんだと思います。だから削ぎ落とされた美しさとか、研ぎ澄まされた美しさというのは、何かこう、人工的に見えるわけですよね。自然本来のデザインはもっと、「なんでこの虫はこんな変な形をしてるの?」みたいな遊びがあるはずなんです。ツノゼミなんかを見ると、本当に変なツノがついている。十文字に分かれてて、先に何か丸いのもついてたりして、草間彌生もつくれないようなすごいデザインなんです。しかもバリエーションがいくつもある。そんなものが進化のためにどう役に立っているかなんて誰も説明できなくて、それは別に説明しなくてもいいと私は思うんです。遊びでやっていると考えてもいいのではないかと。

自然のデザインって、そういうおもしろさというか意外さ、遊びがある。逆に、目的論的に突き詰めたもの、機能的で合理的なもの、あるいはユーザーの利便性を追求しすぎたものというのは、形や色やフォルムに遊びがないわけですよね。私はそういうものは必ずしも美しくないと思います。

デザインってある意味で人間の営みなので、設計的にやらざるを得ないとは思うのです。

設計って設計図を描いて、ハチの巣をつくるようなものですよ。六角形のパターンをどうするかとか、こういうふうに配列すれば一番合理的だとか、「これならコストもかからず、コンパクトなハチの巣ができますよ、どうですかミツバチさん」みたいに提案しているのが設計的な思想ですよね。でも、ミツバチはそんなこと言われたら、「ノット・ユア・ビジネス」と答えると思います（笑）。

ミツバチは発生的に巣をつくっていく。一点から土を固めていくときに、二方向に延ばしたらただの壁にしかならない。四方向に延ばしたら一応部屋ができるんだけど、こういう組み合わせは縦と横の揺れに弱い。だから一点から三つの方向に土を延ばしていけば一番簡単でいいわけですよ。一点から三つのほうへ延ばし、それを互いにつなげていくと、必然的に六角形ができる。でも、だんだん疲れてくるんで、端のほうになるとだんだんサボってきて、小さくなっていく。そうやってできたのが、「はい、私たちの巣です」。そうしてできた巣の中で広いところは女王バチさんが、狭いところは働きバチさんが、もっと狭いところは卵がと、うまく入っているだけですよね。

水野 一番の近道を歩こうとした結果、ものができあがっていって。それがつまりあとから考えれば合理的に見えると。

福岡 ローカルに合理的なんだけれども、別に全体は見ていないんです。地図がなくても行動できちゃうという「マップヘイター」か、地図ありきの「マップラバー」かという概念で私は説明しているんですけど。人間はやっぱり地図の中で自分の位置を確定して、全体を見て、どこからどこに行くか考える「マップラバー」なんですよ。私たちの脳はね。でも、自然は「マップヘイター」で、地図なんかいらない。そこからはローカルな合理性や便利さが発生して、さらにそれを広げてできるものは合理的だし、美しいんですね。「マップラバー」がどんなにかっこよくつくったものよりも、

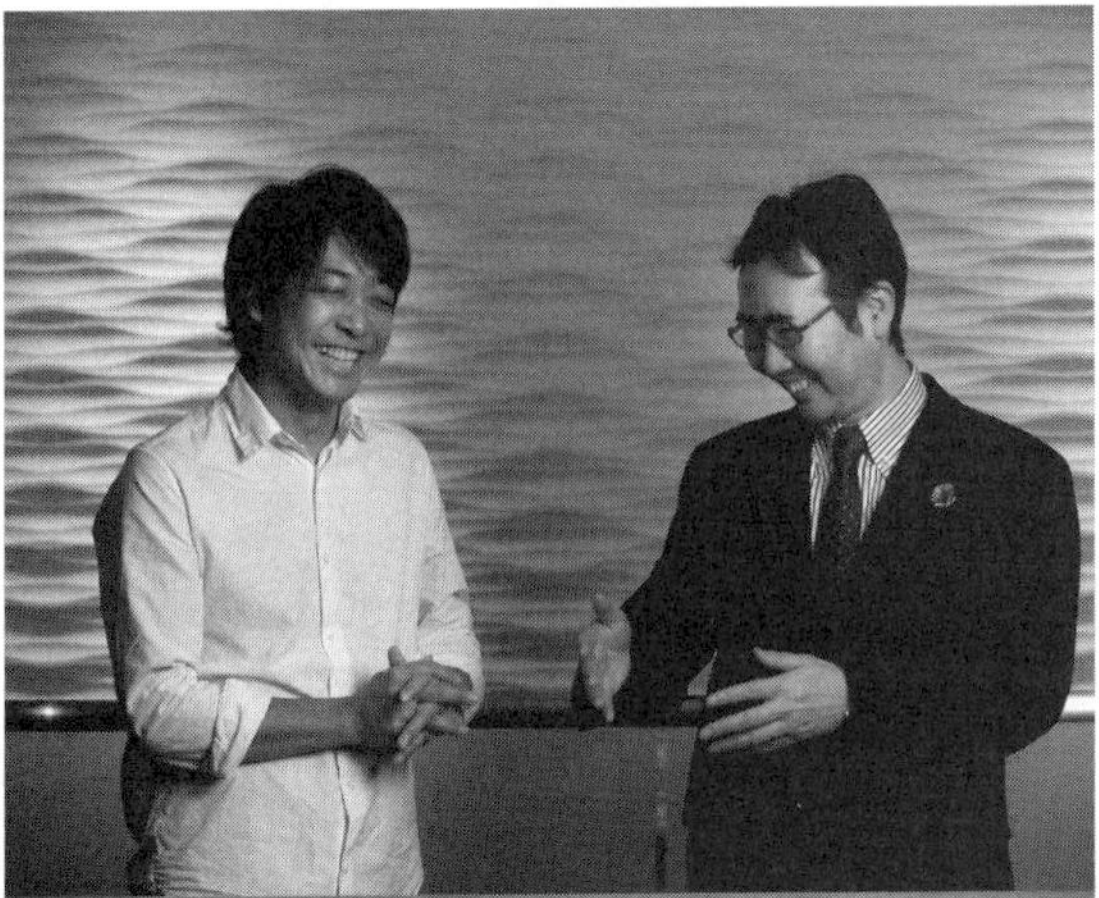

かっこいいわけです。

水野　なるほど。これも福岡先生の著作に書かれていることですが、「川のそばに馬を連れて行くことはできるけど、水を飲むかどうかはやっぱり馬が決める」――僕もまさにそう思うんです。物事の本質はすべてそういうことに行き着いていくと。本当に渇いていないと、ものはつくれないというか。つくっても、おもしろくないという気はしますね。

福岡　そうそう。だから、喉が渇く「サースティー」というのが、本当に物事の基本だと思うんです。「ハングリー」ではなく。ハングリーは、何か意地汚いという感じもあるじゃないですか（笑）。渇いている、サースティーであるということが大事なんじゃないかと思っています。

水野　確かにそうですね。僕はこの頃、デザイナーとして何かを発見したり、何かを生み出したりつくり出したりすることではなくて、今あるさまざまなことを言葉にしたりとか、伝えたりとか――そうしたことが僕のやることなのかもしれないという考えが、いろいろな局面で出てくるようになったんです。福岡先生の著作を拝読して、ますますその思いが強くなったんですが、どういう経緯でそのような考察をされるようになったんですか。

「発生的」に点を結ぶ

福岡　何かを目指して、それに向かっていくと、それは結局チープなものにしかならないと思うんですよね。効率優先とか、最短解みたいに見えるけれども、それは本当の解ではない。「今からあの地点に行くためにどうしたらいいか」というとき、人間が持つ想像力ってたいしたことないと思うんです。むしろ、いろいろあれこれやっているうちに、なんとなくいろんなことがつながってきたり、思いもよらなかったところに関係性が生まれて、だんだん、いろいろなことが出てくる。だいぶ時間が経ったある時点から逆に見ると、ああ、なるほどと、いろんなものがつながっていって、それは非常におもしろいものだというふうになる。だから、設計したんじゃなくて発生してきたものが本当の解なのですが、あとから見ると、あたかも設計されているように見えるものというのが、実はかっこいいと思うんですよね。

水野 かっこいい。

福岡 スティーブ・ジョブズは二〇〇五年にスタンフォード大学の卒業式に呼ばれた際に、非常にかっこいいスピーチをしたんですけど、ＹｏｕＴｕｂｅとかで見たことありますか。

水野 はい、あります。

福岡 そこで彼はいくつかおもしろいことを言っています。最初に言っていたのは、コネクティング・ドッツといって、点をつなぐこと、という。

水野 言っていますね。

福岡 これはどういう話かというと、彼は一応大学に行ったんだけど、地方の有名じゃないところで、たいしておもしろくないから、すぐにドロップアウトしてやめてしまった。で、どうしたもんかなと思ってぶらぶらしていたんだけど、行くところもないので、友だちの家に泊まりながら、その町にしばらく残っていた。あるとき、もうやめた大学のキャンパスをちょっと覗いてみたら、たまたまカリグラフィーの授業をやっていた。カリグラフィーというのは、字をいかにかっこよく書くかという、西欧世界の書道みたいな、昔でいうレタリング技法ですよね。文化的、歴史的なすごい蓄積があって、ギリシャ時代から続く「この羊の皮にかっこよく文字を書くためには、どのラインをそろえるといいか」みたいなことを、大学でアーティスティックな観点から教えていた。ジョブズはそれを非常におもしろいと思って、ニセ学生として潜り込んで学んだと。でも、それはそれで終わったわけです。

で、一〇年ほど経って、彼がスティーブ・ウォズニアックという、もう一人のスティーブと出会った。ウォズニアックは本当のコンピュータオタクだった。その二人がアップル社をつくって、アップルコンピュータをつくった。そのときにジョブズは、きれいなモニターの中に美しい文字がどう浮かび上がるかにこだわった。それがどれほど人間の視覚認知に大切か、つまりコンピュータと人をつなぐインターフェースとしていかに文字デザインが大事かに気づいた。そして、トゥルーフォントという、今のMacのヒラギノとか、Osakaというきれいなフォントをつくり出すことにものすごく注力したんです。自分ではデザインできないから誰かにやらせたんだと思いますが、細部にまでかかわった。そのとき、彼の頭に浮かび上がってきたのは、一〇年前のカリグラフィーの授業です。フォントをそろえるときにどのラインをそろえればきれいに見えるかとか、字の間隔ですよね。

水野　はい。文字間。

福岡　文字間隔。それと、文字間隔を正確に等間隔に空けすぎると貧弱に見えてしまう字があるとか、いろいろありますよね。カリグラフィーの授業で学んだ視覚効果なんかを思い出しながら、アップルの字体をつくった。それがアップルの美しさになって、みんなに受け入れられたわけですよね。

そのとき初めて、彼は「ドットがつながった」と言っているわけです。そのカリグラフィーの授業と、今やろうとしていることが。それは決して、ルックフォワードじゃない。つまりカリグラフィーの授業を聴いたときには、なんの役に立つかはまったく見通せなかった。でも、レトロスペクティブに見ると、そのことが役に立っているというようなことは、私の人生の中にたくさんあったと。だから、今やっていることが何かに役に立つんだというふうに思うのではなくて、とにかく、これがひょっとしたら何かに役に立つかもしれないから、信じて、前に進みなさいと言ってるわけですよね。

ドットはどこかでつながるだろうが、つながらないかもしれない。つながらないドットもたくさんあるわけですよね。

それはまさに生物進化が行ってきたことそのものなんです。いろんなことを試してみて、大半の生物は死に絶えちゃったんですよ。進化の袋小路に入って、三葉虫もアンモナイトも恐竜も、みんないなくなってしまった。

その中のほんのわずかなドットがつながって、現在の生命となっているわけです。現在の生命から順に、哺乳類、鳥類、爬虫類、両生類、魚類、ミミズというふうにドットをつなぐと、進化というのはものすごく精妙にできてきたように見えるけれども、それは実は負けたものの歴史がまったく見えなくなっているからですよね。だから、合理的に点をつないでいこうというあり方自体がさもしいと（笑）。

水野　なるほど。僕は今日までは設計図を描かなきゃいけないんじゃないかと思って、なるべく、いろんな設計図の描き方にチャレンジしてきたんです。けれども現状で言うと、実際は設計図じゃなくて。つくっていくときにヒントをどこかしこに置くことはできても、やはり地図は描けないんですよね。僕の修業や勉強が足りないからなのか、思いが足りないからなのかわからないんですけど、一生描けないかもしれない。僕のデザインの仕方は、「これだろう」というポイントを先に設定するというよりは、思いついたヒントを手がかりに、いろんなものをドバッとつくっていくんです。たとえばロゴにしても、三〇〇〇とか、五〇〇〇とかつくっちゃうんですよ。でも、これとこれって似てるよなあとか思うと、じゃあ、どっちかにしようとか。これのいいところはこれにしようとかっていう……。

福岡　自分がつくりたいものがだんだんわかってくるんですね。

水野　そうなんですよ。だから、自分がつくっているという感覚はあんまりなくて。何かこう、点が自然にだんだんとくっついていって、淘汰されていって。あとはもう、そこから進化しないで止まったもの、もしくは締め切りという時間がきたものに関して発表していくだけなんじゃないかと思っていて。だから、僕は動かされているというふうにいつも思っちゃうんですよね。今日お話を聞いて、よりその方向性――「発生的」でいきたいなというふうに思いました。

福岡　「発生的」に点を結んでいくと。

アウトプットとは、「次の気づき」である

水野　僕は福岡さんの本を読んでいると、アウトプットの概念をとっかかりにさまざまな考察をされているように感じたんです。それがすごいなあと思いました。

福岡　アウトプットは次のインプットなんですよ、絶え間なく。水野さんはお仕事上、アウトプットはプレゼンするとか、契約が決まるとかいうところで一段落すると思うんですけれども、私はちょっと違っていて。私にとっては、ある研究をして結果が出ることは、それがもう瞬時に次の気づきのインプットになるんです。学ぶスタイルでも同じなんですよ。たとえば、「細胞の中にはミトコンドリアがあり、そのミトコンドリアは呼吸を司《つかさど》っています」と教科書には書いてあるわけです。それは現代生物学の成果というか、アウトプットなんです。それを読むと、「ああ、そうか」となっ

て受験勉強的には、「細胞があって、ミトコンドリアがあって、呼吸を司っている」ということを覚えておけばテストで点が取れるわけです。でも私はオタク少年だったから、そこから始まっちゃう（笑）。アウトプットじゃなくて新たなインプットになって、「ミトコンドリアというへんてこな名前は、いったい、どこの誰がつけたんだ?」と。またそこから探査が始まるわけです。

　そうすると、いろんなことがわかってきます。「ミトコンドリア」という名前は今から一〇〇年も前につくり出された言葉で、そのときはまだ何もわかっていなかった。呼吸を司っているとか、細胞自体が呼吸をしているということすらわかっていなかった。その当時、顕微鏡オタクたちが細胞という薄っぺらいものにどうやってフォーカスを当てるか苦心惨憺《くしんさんたん》しているときに、細胞の中に糸くずみたいなものが、もやもやっと見えた。そこで誰かが、「糸くずっぽいもの」という名前をつけた。ミトコンドリアの「ミト」というのはギリシャ語で「糸」という意味、「コンドリア」というのは「顆粒、粒」という意味らしいんです。そこまで知って、僕はやっとああ、そうかとなるわけです。オタクは川を見ると、その源流をたどりたくなってしまうんです。

ミトコンドリアに関して言うと、構造体が糸くずっぽく見えたということが実はとても大事です。顕微鏡で観察した細胞の薄い切片は糸くずに見えますが、当然そこには厚みがある。フォーカスはごく一部にしか当たっていませんから。実際に厚みを持っているものの構造はどうなっているかといえば、きしめんを波線上に〝ふにゅふにゅふにゅふにゅ〟と折り畳んだようなものなんです。折り畳んだきしめんを断面で見ると、糸くずのように見えるわけなんですね。つまりテープが行ったり来たりしているような構造体が立体的にあるわけです。

糸じゃなくて、きしめんを畳んだようなものだということは、面が増やされているということです。すると、細胞の中という限られたスペースで面を増やさなければいけない要請はどうして生まれたかという話になる。

ここで、「コンパクトなスペースでできるだけたくさんの反応を起こすために、表面をたくさんつくる構造体がパックされた形でなくてはいけなかった」と考えられる。そこから呼吸の場だ、代謝の場だという思考にだんだんなっていったのです。

　今から見るとそういう点が合理的につながって、科学が成り立っていったように見えますが、最初、その顕微鏡を見た人たちにとっては単なる糸くずです。「なんでこんなところに糸くずがあるの？」みたいな感じでぐちゃぐちゃやってたわけですよ。でも、そのときのぐちゃぐちゃが実は豊かさであって、点と点をつながないでできた教科書的な説明というのは、実は「出汁がら」のようなものなんじゃないかと。だから、アウトプットというのは私にとって、常に次の気づきのきっかけになっているように思えます。水野さんの定義するアウトプットとは意味が違うかもしれませんが。

水野　いいえ、それはぴったり以上。僕一人ではたどり着けなかった話ですよ（笑）。（対談を）お願いしてすごく良かったというか、含蓄があるよなあ。

僕は常々、「考える」というのは、人に伝える、つまりアウトプットをするところまでやって初めて完了するな、と思ってはいたんです。アウトプットしてみて初めてわかることがたくさんあるので。それってつまり、福岡さんがおっしゃったようなことなんでしょうね。アウトプットすることで、さらに深く掘り下げていくヒントが見つかるし、次なる課題が見つかっていく。アウトプットは次のインプット……勉強になります。ありがとうございます。

で、遊びの話にちょっと戻りたいんですけれども。遊びの中でも、デザインとか美術というのは、もともとはけっこう目的があった。宗教だったり、ハプスブルク家のお見合い写真だったり、そういうことが作品の目的としてあったと思うんです。だけど今となっては、美術やデザインは、究極と言っても過言ではないほどの「遊び」であり、おもしろいものだと思うんですよね。「遊び」に対して、人間が美しいものを求めてしまう理由というのは何なんでしょうか?

遊びとは、生産性に結びつかないもの

福岡　遊びとは何かということをまず考えてみましょう。生物にとって遊びではないことというのは何かというと、それは子孫をつくることです。子孫をつくることが生物の唯一無二の目的であって、そのために生物のすべての仕組みが最適化、合理化されている。子孫を残すことに有利な性質は残るし、不利な性質は淘汰される。少しでも有利なことであれば、それが環境の中でセレクションされて生き残るというのが自然淘汰の考え方ですよね。だから、現在の生物の行動様式や性質や形態、姿形はすべて子孫を残すために最適化されていると考えるのが進化論です。その生産に結びつかない行為、形、特性が遊びですよ。だから、遊びにはキリがないんです。生産は生産すれば終わるけど、遊びはキリがないから、「いつまでも遊んでないで早くご飯食べなさい！」みたいに怒られちゃう。

でも、遊びは探査をすることであり、自分の興味の赴《おもむ》くままに何かを求めていく行為であり、そこにゲーム性みたいなものも生まれるわけですよね。本当は遊びの中にすべての知性の源があったはずだし、遊びをどこかで終わらせるためにゲームのルールが生まれたと思うんですよね。そのルールが現在の社会的な仕組みの基盤になっていると。遊びはいろんなものを創造する原動力であって、「産めよ殖やせよ」という子孫繁栄だけに特化していたら、生物はここまで豊かになれなかったと私は思うんです。じゃあ、なぜ遊びがそんなにおもしろいのか、遊びがなんでそんなに美しいものなのか。それは遺伝子が定める束縛から自由であるからですよ。自由の美しさや楽しさというものが、遊びの美しさや楽しさです。つまり生産に結びついていない、果実に結びついていないことのほうが実は美しいという逆説です。

水野 なるほど。そう考えると。

福岡 うん。儲からないことのほうが美しいんです（笑）。

水野　ハハハハ（笑）。現代でいうところの美術というものは、まさに遊びに属する可能性が非常に高い。でも、デザインというのはある意味、遊びではない。

福岡　遊びなんだけど、そこにお金を払わせてしまう高級な詐欺とも言えますよね（笑）。

水野　ハハハハ（爆笑）。この本の根幹を揺るがす発言が。

福岡　というか、それを楽しくやっていらっしゃる水野さんは、遊びの天才です。

水野　でも、そういうお話を聞くと、本当に僕、働くのがすごく嫌いなんです。

福岡　いいんじゃないですか。

水野　ものすごく嫌いで。でも、デザインだけは働いてると思ってないんですよね。

福岡　働いてる感じがしないということですよね。

水野　たぶん、非生産的なことに片足突っ込んでる仕事なんですよね。だから自由だし、逃げ道がいくらでもあるんですよ。この仕事、逃げようと思うと

福岡　いくらでも逃げられる。だからこそ、逃げないという発想につながる。そうそう。遊びというのは基本的に逃走なんです。遺伝子の命令からいかに逃れるかという逃走。遺伝子は「産めよ殖やせよ」と命令していると普通は思われていますよね。でも、そこから逃れて自由でいられるのは楽しい。先生の目を盗んで体育館の裏でたばこを吸うことのほうが楽しいわけじゃないですか。たばこは吸わないかもしれないけど。私もたばこは吸わなかったけど、「サボり」というのが甘美なわけです。それは命令から逃れているからですよ。

水野　そうかあ。全部の話が一つの話に結びついちゃうのかもしれないんですけど、「マップヘイター」と「マップラバー」の話的に、逃げていった先に、またいろんな点があって。

福岡　それがまた結びついて、つながるっていうね。ゲームのおもしろさですよね。ゲームのおもしろさって、点と点を結んで一ポイント、みたいなことではなくて、思わぬところに探し出したものがつながるということが楽しい。でも、つなげたからといって、生産には結びつかないんです。これが本当は豊かなことだというふうに思うんですよね。

ただ、建築の人なんかと話してみると、意外と水野さんの遊びに共通するようなことを感じるんですよね。建築家って設計図がないと始まらないから設計思想の持ち主のはずだし、普通、建築学科は大学の工学部にあるから、とても数理的な世界みたいな感じですよね。でも、建築家の中にも意外と数学が苦手だという人がいて、そういう人たちはどっちかというと「こういうものを設計します」という鳥瞰的な視座があるわけじゃなくて。水野さんがロゴをたくさんつくるみたいにスケッチをぐじゃぐじゃっと描いて、「何か、こんな感じ」みたいなところから出発しているような人もいますね。私が好きな建築家に伊東豊雄さんという方がいるんですけど。

水野　「せんだいメディアテーク」の。

福岡　そうそう。伊東さんは「せんだいメディアテーク」、けやきがわーっと生えてるみたいな表参道のトッズビル、銀座のミキモトビルなんかを設計していて。どれも、どちらかというと生物的なんですね。ハチの巣の模様みたいに、あるパターンなんだけど、だんだん小さくなっていたり、歪んでいたりという、本来の曖昧さがあるものを目指している感じの建築じゃないですか。もちろん構造とかは誰か別の人がしっかり計算しているんでしょうけど、デザイン的には伊東さんが「こんな感じ」とスケッチを描いたり、ボール紙を折り曲げて、細胞の構造みたいに、どっちが表か裏かわからないようなものをつくったりしているそうです。

彼は諏訪湖の近くで生まれて、子どもの頃、何が楽しかったかというと、夏の朝に諏訪湖のほとりに行くこと。夜の間に湖からたくさんトンボの子どものヤゴが上がってきて、水草につかまる。そのうちヤゴの中からトンボがぱっと出てきて、羽を広げる。伊東さんはその羽の模様に魅せられてしまったそうです。羽の模様って透明で、翅脈《しみゃく》というのが縦横に張り巡らされてるんだけど、どのユニットも同じ形をまったくしていない。けれども、全体としてすごくデザイン的に優れている。翅脈は当然、羽を支えるための非常に合理的なもので、その中を血に当たる水分が通って、羽がピンとなるんですね。もしも工学的な発想で翅脈をつくると、「同じパターンを並べて、ラーメン構造みたいなもので支えればいい」となるけど、自然はそうした不定型なモザイク状のデザインなわけです。だからあんな建築がつくれたらいいなって、伊東さんは思ったそうです。それを聞いて私は、ああ、なるほど、この人の目指しているものはわかるなという気がしたんですよね。

建築家と同じでデザイナーの中にも、設計的な思想に立たず、発生的な視点に立って何かをつくれる人もいるかもしれない。しかも生物って、完成されたとしても常に動いているものです。できあがったら「これでスタティックな構造です」というものではない。それがデザインとか建築とかの世界で可能かどうかわからないんだけれども、何かそれが新たな動きを促すような動的なデザイン、動的な建築みたいなものができれば、素晴らしいなあと思います。

デザインに限らず、私にとって美とは、「失われてしまうもの」なんですよ。つまり、流れているもの、とどめられないもの。動的なもので、二度と再びそうはならないけれども、何かその一瞬、ある種の秩序が立ち上がって、でも次の瞬間に消えていってしまうようなものが、私にとっては美しいものですね。つまり美しさというのは、時間の芸術というか、時間の関数というか。

水野 なるほど。

福岡 それをなんとかとどめようとしているのが科学だし、アートでもあるんじゃないかと思うんですよね。フェルメールなんかも、部屋にああいうふうに光が射し込む瞬間って、実際は三分ぐらいしかなかったと思うんですよ。どんどん日は傾いていって、部屋は暗くなる。でも、その一瞬をとどめて、そこに至った時間とそこから出発する時間を一枚の絵の中に封じ込めるというか、予感させるというか。そういうところがフェルメールの素晴らしさだと私は思うんです。

水野　僕はデザインなり、芸術なりというのは、時間芸術と空間芸術の二つに大きく分かれるというふうに思っていて。今のお話の中でいうとすべてが時間芸術であるのかもしれないんですけど。僕は便宜上、映像だとか、音楽だとか、そういったものを時間芸術というふうに言ってるんです。それはともかく、「美は移ろいである」ということは、どの時代でもすごく言われてきたことの一つだと思います。時とともに美しさの定義自体が変わっていくし、見る人も変わっていくし、見る人の環境も変わっていくということで、美しさは移ろいであるというふうに言われることが多いなあと思います。さらに、日本人は移ろいに対してすごく好意的で「移ろう能力」を身につけたんだなあとも感じます。

福岡　肯定的だしね。それは何か、逃げるということにも関連してるんじゃないでしょうか。さっき、デザインは逃げ道がある仕事だとおっしゃった。でも、逃げるって実はいいことだと私は思うんです。常にある線から逃走していくということは、ライフスタイルとしてわりといいんじゃないかなと。

逃げるって卑怯者みたいに思われますけれども、どんどん逃げて、ずらしていけば、自己模倣みたいなものからも逃れることができますよね。とくにものをつくる人やものを書いている人、音楽をつくっている人が最も陥りやすいのは、期待される自分像を再生させてしまうことじゃないですか。そこからどう逃げていくかというのは、自由さと完全に重なっていると思うんです。逃げる、逃走としての遊びなんですね。

人類よ、動的であれ

水野　何か、動的であることっていうのが、これほどまでにいいっていうふうに思ってなかったですね。桂離宮とかを見ても、あれは静的であるからいいとなんとなく思い込んでいるふしがあったし。同じデザイナーの人でも、静かなものを良しとするみたいなことがあるって感じるんですけど。そういう認識を持って日本の美術なり、美しさを見ている人って多いように感じますけどね。

福岡　それは大きな間違いだと思いますよ。というのは、生物にとって情報というのは何かという話なんです。私たちは、いわゆるインターネットとかを情報と呼んでるじゃないですか。それは生物学的には大間違いなんですよ。インターネットの中にあるようなものはアーカイブであって情報ではない。生物にとっての情報というのは、消えるもの。あるものが急に消えるから、それが情報になるのです。そこで初めて生物は反応するんですよ。あるいは、ないものが急に現れるから情報になる。たとえば、同じにおいをずっと嗅ぎ続けると、どんなにおいかわからなくなるじゃないですか。それは同じ強度で、同じシグナルが来ると情報じゃなくなるから。シグナルが急に減るか増えるかすると初めて、生物はにおいという情報に反応できるんです。

端的な例は爬虫類で、みんな動いているものしか見えないんです。私はよく上野動物園に行くんだけど、ヘビとかトカゲはガラスケースの向こうでじっとしているんですね。子どもたちが「全然、こいつら動かない」とか言ってガンガン叩いたりしているんだけど、びくともしないの。でも、私はトカゲを振り向かせることができる。何か黒いものをピッとトカゲの目の間で横に移動させたら、トカゲはクッとこう首を動かす（笑）。

水野　ハハハハ（爆笑）。

福岡　彼らの視覚情報の中では、止まっているものは全部キャンセルされて灰色の背景になる。その中で動くものだけに反応するんです。やっぱり動的なものが実は生命的なものなんです。動的なものだけが生命にとっての情報なんです。

それなのに、動かずにいつまでも残っているから現代社会は困っているわけだ。噂話みたいなものは、昔なら時間が経てば消えていった。だけど今は携帯電話とかブログ上に残るから、そのトゲが抜けなくなって困っているんです。どんどん、どんどん消えていけば、もっと健全な社会になると思うんです。

ある信号の変化量が情報です。実際に点滅したり形が変わったりする必要はないんだけれども、何か動的なものを求めていくデザインというのが、人に訴求する。私たちは生物ですから。

水野 そうですね。

福岡 スタティック《静的》に見えるものも、実は粒のレベルをもっと違えれば、ものすごい速度で動いている動的なものだということを私は言い続けているにすぎないんです。

水野 歴史上、いろんな悲劇が起きてきましたけど、動的なものを静的だと思い込んでいたことによる悲劇って多いのかもしれないですね。

福岡 そのとおり。去年起こったこともそういうことでしょう。動的なものを静的なものとして見ると、止まって見えるので解析しやすくなるんですよ。そうすると、メカニズムとか、因果関係とか、ロジックをつくりやすくなって、わかったつもりになってしまう。だけどロジックを動的なものに応用すると、とたんにおかしくなる。動的なものって時間の関数でぐるぐる動いてるんで、止めたときだけのロジックでは動いていません。だから、すぐに破綻してしまうという。これって、本当は誰でもわかることなんですけどね。

水野　誰でもわかることですね。

福岡　でも、人類が陥ってしまった非常に大きな錯誤だったわけですよね。

水野　太陽がいつもそこにあると思い込んでいるから、岩戸に隠れたと思って、必死にみんなで踊ったみたいな話ですよね。太陽も隠れるんだし、もっと言えば、なくなることだってある。

福岡　そう、なくなる。形あるものはなくなり、あるいはいつかは壊れる。しかし、またできるというね。

水野　いろんなことに言えますね。本日はありがとうございました。

Epilogue
本物を求める時代のアウトプット

二〇一一年三月一一日、東日本大震災が日本列島を襲いました。

この出来事は日本中に大きな衝撃を与え、多くの人の価値観を根底からひっくり返しました。僕自身、一年以上たった今もまだ、あの衝撃から立ち直りきれずにいます。多くの日本人の中で、確実に何かが変わった日でした。

3・11以降、日本国内の消費は大きく落ち込みました。直接の被害を受けなかった人も、しばらくはものを買ったり、どこかへ出かけたりして楽しむ気持ちになれなかったのは、実感として僕にもわかります。

「人生は何が起こるかわからない。ものをいくら買ったとしても、すべて失ってしまうかもしれない」

そう思うようになったのかもしれません。

しかし一年経つと、数字的に見ると消費活動はほぼ回復したと聞きます。いったい何が買われているのでしょうか？　どうせ失ってしまうかもしれないからと、「とりあえず安いもの」がたくさん売れているのでしょうか？

いいえ、逆の現象が起きているようです。

その証拠の一つに、とある高級ブランドの社長は「3・11後、顧客の購入単価は上がっている」とおっしゃっていました。

高級品を求めるようになった顧客の心理とは何かをしばらく考えてみて、このひと言に尽きるのではないかと僕は思い至りました。

実にシンプルな答えです。

「本物」が欲しい。

ただそれだけだと。

僕たちはあの悲しみの中で、人生のはかなさを思い知りました。いつ失っても不思議はない、はかないものが僕たちの人生です。それは悲しいメッセージですが、同時に人生の尊さ、かけがえのなさを教えてくれます。

自分の人生に限りがあることを実感したからこそ、毎日を大切にしたい。それには心を満たされることがしたいと、あの日から日本人は再認識したのではないでしょうか。

人は食べて、寝て、恋をして、子どもを産み育て、遊んで、働いて、生きています。すべての消費活動は、こうした人間の営みに連鎖して生じます。すなわち、生きることにかかわりを持たない消費など、一つもないのです。

人生につながっている消費活動をするのであれば、本当に価値を感じるものだけを手に入れたい。ほかは安物でもいいから、本当に大切にしている部分にはお金をかけたい。本物を、長く、大切に、いとおしんで使いたい。

人々はもはや、単にモノを所有して満足したいのではなく、精神的に「満たされること」を求め始めているのだと思います。その結果として、「いいもの」が売れているのではないでしょうか。

「3・11後、顧客の購入単価は上がっている」という話は、顧客の高級志向ではなく、本物志向を表していると僕は捉えています。

だからこそ、モノをつくる人間、売る人間は、「良きもの」を世に送り出す使命があると、改めて感じるようになりました。

世の中を良くするもの。

買った人の生活だけでなく、人生をも「豊か」にするもの。

そのものを手にすることによって、自分だけが満たされるのではなく、誰かも満たすような広がりがあるもの。

そんな本物を、僕たちは届けなければなりません。

メーカーも、小売りも、アートディレクターも、デザイナーも、ものと消費に携わる人たちはみな、この世界に良きものを届ける任務があります。

「たくさんあればそれでいい」とされた価値観が消えた今、僕たちは、再び、ものによって世の中を良くするチャンスに恵まれたとも言えます。

しあわせになるためのものをつくりたい。

僕のアウトプットは、これからも、常にそこから始めていきたいと思います。

最後になりましたが、本書の中で対談させていただいた福岡伸一さんからは、この先の自身の考え方にまで影響を与えてくれるような、示唆に富んだお話をたくさん伺うことができました。この場を借りて、改めてお礼申し上げます。

本書にご登場いただいたクライアントのみなさんはもちろんのこと、お世話になっているクライアントや仕事仲間のみなさん、そして会社スタッフのみんなにも、心から感謝申し上げます。

また、この本をまとめるに当たり、編集の青木由美子さんと朝日新聞出版の大崎俊明さんには、本当にお世話になりました。まだ中身のアイデアすらまとまらない時期から根気よくおつき合いくださり、数え切れないほどの助言とアイデアをくださったおかげで、どうにか本書を出すことができました。

最後に、仕事のパートナーとして、妻として、母として、常に明るく、楽しく、やさしく、幸福な場所を築いてくれる由紀子。仕事ばかりでさみしい思いをさせているのに、毎日をたくさんの笑顔で満たしてくれる息子に。いつも本当に本当にありがとう。あなたたちがいてくれるから、人生が豊かです。

この本を手にとってくださったみなさんにとって、本書が少しでも、良きアウトプットを生み出す一助となれるなら、著者としてこんなに幸せなことはありません。

水野　学

文庫版　あとがき

『アウトプットのスイッチ』が出版されて、四年が経とうとしています。世界は今もなおアウトプットの質の高さを求め続けているように感じます。もしかするとその流れは、四年前に比べてより一層強くなったと言っても良いかもしれません。

技術の踊り場にたどり着いた企業が次なる一手を模索し、その中でもいち早く動いた企業だけが、一段上のステージへと移行し始めているとも言えるかもしれません。

僕自身も、デザイン関係者やデザイン学校からの講演依頼と同時に、経営者向けのセミナーや、オフィスワーカーを対象としたＭＢＡ向けの授業などへの登壇依頼が増え続けています。

また、慶應義塾大学湘南藤沢キャンパス（ＳＦＣ）でも「ブランディングデザイン」という授業を担当しており、日々学生たちと半教半学の精神でブランディングデザインを教え、学んでいます。この講義の定員は、課題の発表の都合上、六〇名としているのですが、受講希望者は約八倍の五〇〇名近くとなっており、ここでもまた、ブランディングやデザインに対する関心の高さがうかがえます。

このように、デザインを必要としている人の数は、年々増え続けています。しかし、残念ながらその需要に対して、供給が追いついていないのが現状です。グラフィックデザイナーの数自体は、一〇万人とも一五万人とも言われていますから、決して少ない数ではありません。しかし、デザインを必要としている人と、デザインをする人が、幸せな関係にたどり着けることは稀だと言えるでしょう。

なぜなら、その間には深く大きな「谷」が横たわっているからです。

無論「谷」は比喩です。その「谷」は、時として「言語」であったり「価値観」であったり「常識」であったりします。つまり、デザインを必要としている人とデザイナーとの間に隔たりがあるということなのです。

たとえば、とあるデザイナーは「このデザインに理由なんてありませんよ。そんなことを聞くのは無粋ですね」と言います。また、とあるデザイナーは「売れるかどうかはわかりません。それは営業さんの仕事です」などと言ってくるかもしれません。

それとは逆に、デザインを必要とする人もまた「目立たせたいからとにかく文字を大きくしてください」と言ったり、「お金も時間もないので、パパッとデザインしてください」などと言っているかもしれません。

僕にしてみれば、どちらもとても不幸だと感じます。なぜなら、お互いの一番大切にしている部分を土足で踏みにじってしまっているからです。

デザインを必要としている人にとって大切なことは、「売上げ増」や「ブランディング」など、企業価値の向上です。

片や、多くのデザイナーにとって大切なことは「美しいものをつくる」ことや「見たこともないものをつくる」など。美的創造性をいかに満たすかという点に重きが置かれていることが多いのです。

僕は、そのどちらも大切にしています。

理由は簡単です。「消費者はその両方を求めているから」です。

しかし、残念ながら送り手側の当事者になればなるほど、責任が重くなればなるほど、客観性を見失い、邪念が送り手を主観的にさせてしまいます。

そうしてつくられたものの多くは「売上げが伸びなかった」とか、「一時的に話題にはなったけれど、すぐに売れなくなってしまった」などの悲劇を生み出してしまうのです。

なぜこのような悲劇を繰り返してしまうのか？　そこにもまた、理由がありました。

谷の両側に立つ、デザインを必要としている人と、デザイナーとが、その谷に橋を架けることもなくやりとりをし続けているのです。憐れそのやりとりの多くは、お互いに受け取ることすらできずに谷底へと落ちていってしまうのです。

今よりはるかに未熟だった若い頃は、僕自身も、谷底へと落ちてしまった自分の思いを拾いながら、悔しさを噛みしめたこともあります。

この悲劇を繰り返さないためにはどうしたら良いのか？　この深く広い谷に、

どう橋を架けられるのか？　自分自身はどうやってその橋を架けているのか？

そんな思いから、自分の思考回路の一つ一つを見つめ直して、仮説を立て、検証し、一冊にまとめたのがこの本でした。

現在、僕はさまざまなクライアントのみなさまとお仕事をしています。その中に、今の日本を象徴するようなブランディングデザインの仕事がありますので、少しご紹介いたします。

それは「鉄道」のリブランディングです。クライアント名は相模鉄道株式会社、通称「相鉄」です。現在は横浜と湘南台や海老名を結ぶ路線で、神奈川県のほぼ中央を東西に走っています。二〇二〇年頃に渋谷の東急線に相互直通するという大事業を目前に控え、全社一丸となってイノベーションを起こし続けている企業です。

なぜ、この仕事が「今の日本を象徴する」仕事と言えるのでしょうか。それは、本来なら、社会インフラであり、積極的にブランドを構築する必要がなかった鉄道が、そこに全力で着手しているからです。

鉄道の歴史を紐解くまでもなく、それまでは、黙っていても鉄道を利用してくださるお客さまがいました。しかし時代は変遷し、少子化となり、人口の減少に歯止めがかからなくなった現代、いかに「選ばれる路線になるか」というのは、鉄道各社にとって大きな問題であり、死活問題でもあります。

もちろん鉄道が目指す最優先は「安全」であり「安心」で、かっこ良さや印象の良さがその地位を奪うことはありません。

しかし、技術は進歩し、鉄道が安全であり、安心できるという面では、鉄道会社各社に大きな差があるとは言えません。

そこで、次の課題となるのは、いかにその沿線に住みたいと考えてもらえるか、です。

関西では「阪急電鉄」がそのお手本と言えるかもしれません。チョコレート色の車両は多くのファンを惹きつけるだけでなく、小説になるなど、今も人々を魅了し続けています。阪急はそのブランドを確立するために、さまざまな取り組みを行ってきました。だからこそ今の阪急があるのです。

相鉄は二〇一七年に、創立一〇〇周年を迎えます。「一〇〇周年はただの通過点にすぎない、次の一〇〇年を考える」という、経営陣はもとより関係者みなさまの熱い思いを受け、一〇〇周年や相互直通を一つの通過点と捉えて、丁寧にかつ大胆にリブランディングを実行しています。

競争で優位に立つためのデザイン。デザインをコントロールする技術。デザインを必要としている人と、デザイナーをつなぐ橋。この一冊が、そんなお役に立てることを願って筆をおきます。

二〇一六年　春

水野　学

対談写真／東川哲也（朝日新聞出版写真部）

アウトプットのスイッチ　朝日文庫

2016年4月30日　第1刷発行

著　者　水《みず》野《の》　学《まなぶ》

発行者　首藤由之
発行所　朝日新聞出版
〒104-8011　東京都中央区築地5-3-2
電話　03-5541-8832（編集）
03-5540-7793（販売）

印刷製本　大日本印刷株式会社

ISBN978-4-02-261855-9

菅原　裕子
決定版　部下を育てるコーチング
ベストセラー『子どもの心のコーチング』の著者による人材育成術の新たなバイブル。やる気のある部下を育てるための具体的なスキルが満載！

榊原　英資
日本は没落する
国家政策から企業運営まで、ことごとく「戦略」を欠いている今の日本に世界屈指のエコノミストが緊急再提言！　文庫版まえがきを加筆。

赤木　智弘
若者を見殺しにする国
本当の意味で「思いやりのある社会」とは。フリーターの立場で「無縁社会化」など二〇〇〇年代の論点を看破し、日本の今を問う評論集。

鈴木　おさむ
完全版　テレビのなみだ
仕事に悩めるあなたへ
人気放送作家がヒット企画を生む仕事術、熱いキモチを明かす。番組を支えるテレビ人の秘話のつまった「泣ける」ビジネス書。〔解説・藤巻幸大〕

中田　亨
ヒューマンエラーを防ぐ知恵
人間が関わる全ての作業において、人的ミスが原因の事故は起こりうる。その仕組みを分析し、対策を分かりやすく紹介！

小池　幸子
帝国ホテル流　おもてなしの心
客室係50年
年間に接遇する客数は一五〇〇人。その笑顔に誰もが癒される敏腕客室係が、日本人ならではのおもてなしの心と技を説く。〔解説・村松友視〕

松浦　弥太郎
松浦弥太郎の仕事術
文筆家、書店経営と縦横無尽に活躍する著者が説く、仕事と生活の哲学。毎日、真摯に働くための秘訣を紹介。〔解説・佐々木俊尚〕

松浦　弥太郎
考え方のコツ
仕事で重要なのは「なぜ、なに、なんだろう」と考えること。さまざまな分野で活躍する著者が説く、ゆたかに生きるための思考術。〔解説・木内昇〕

松浦　弥太郎
世界を「仕事場」にするための40の基本
英語圏、フランス語圏、中国語圏の言語と文化を学び、グローバルに働く方法を説く。著者のキャリアをベースに、これからの生き方を提示。

網野　善彦
中世的世界とは何だろうか
日本は「孤立した島国」ではなかった！　源平の時代から後醍醐まで広く深く日本の歴史をとらえなおす、若い読者におくる網野史学への招待。

心屋　仁之助
愛されて幸せになりたいあなたへ
大人気の心理カウンセラーが贈る生き方のヒント。恋愛、仕事、人間関係が読むだけでラクになる一冊。悩める女性たち、必読！

湯浅　誠
ヒーローを待っていても世界は変わらない
「反貧困」を掲げ、格差拡大に立ち向かう著者渾身の民主主義論。地方創性や教育問題の深層にも迫る補章を追加。〔解説・あさのあつこ〕